U0375400

格物省身 理实交融

管理学院校友的科大故事

赵 征 主编

中国科学技术大学出版社

内 容 简 介

在庆祝中国科学技术大学建校六十周年之际，中国科大管理学院623校友大家庭响应学校号召，通过约稿形式，征集管理学院校友的回忆性文章，介绍成长经历、在中国科大的学习生活及其对人生的影响等，以利于社会大众了解科大的人文精神、管理学院教育的办学理念和办学成果。他们的校园故事与创业故事体现了以“格物省身”为代表的“科学与人文并重”的教育理念以及“理论结合实践”的教学特点。

图书在版编目（CIP）数据

格物省身　理实交融：管理学院校友的科大故事/赵征主编．—合肥：中国科学技术大学出版社，2018.5

ISBN 978-7-312-04460-1

Ⅰ.格…　Ⅱ.赵…　Ⅲ.中国科学技术大学—校友—回忆录　Ⅳ.G649.285.41

中国版本图书馆CIP数据核字(2018)第074653号

出版　中国科学技术大学出版社
安徽省合肥市金寨路96号，230026
http://press.ustc.edu.cn
https://zgkxjsdxcbs.tmall.com

印刷　合肥市宏基印刷有限公司

发行　中国科学技术大学出版社

经销　全国新华书店

开本　710 mm×1000 mm　1/16

印张　11

字数　148千

插页　1

版次　2018年5月第1版

印次　2018年5月第1次印刷

定价　60.00元

科大的情怀(代序)

近年有个热词叫“从0到1”，这应是来自老子的智慧，无中生有是万物生长之道。新中国的“两弹一星”是“从0到1”；60年前科大的创办也是“从0到1”。“从0到1”是一个事物的创新过程，因为要尝试做前人没有做过的事、想前人不敢想的事、进入陌生的未知领域，因此困难巨大。

钱学森、郭永怀、华罗庚……这些大师们殚精竭虑、呕心沥血地把中国的、科大的一个个“0”变成了现实的“1”。我觉得驱使他们不断前行的，就是“情怀”！

这个情怀，既有《礼记•大学》中“修身、齐家、治国、平天下”的人文理想，也有范仲淹《岳阳楼记》中“先天下之忧而忧，后天下之乐而乐”的担当精神。钱学森先生对国家和民族有着强烈的使命感和责任感，在他年迈之时，仍然关注国家科技的发展，强调发展生物工程，强调西部治沙工程等，甚至到了晚年，还提出了著名的“钱学森之问”。

高等院校的三大重要功能包括人才培养、科学研究和服务社会，而钱先生最为关注的是人才培养，因为人才是科学研究和服务社会的主体。1995年中国科大商学院（管理学院的前身）成立时，时任国家副主席荣毅仁发来贺词“创寰宇学院，育工商英才”，同样把人才培养放在首位。

我觉得，人才培养的关键，正是“情怀”!

60年来，科大的大师们从事研究的目的，就是“振兴民族、富强国家”；他们的研究，都是围绕着国家急需而展开；他们的成果，改变了国家与民族的命运。所有的工作，都是从“实”中来，去追求“真”，不浮躁、不功利，踏踏实实、严谨认真地做好自己的工作。“真”和“实”构成了科大的情怀。

在我看来，科大最需要不断传承的、最应该体现在每一位校友身上的，就是“求真”“求实”。赵征老师和学生们的“科大故事”系列文章，情真意切，发自肺腑，感动了很多同学，也打动了我这个1961年进入科大的老校友。

在本书的文字里，我首先看到了“真”。老师和学生之间的“真心”，学生与学生之间的“真诚”，对待工作的“认真”，对待生活的“纯真”。

在文章中，我还看到了“实”。同学们来到科大，带着实际工作中的问题，学习后又回到实践中。有同学回忆在科大学会了管理思维方式，明白了“任何一件小事都可以用管理的思维去思考”，学会了提问并能找到解决问题的方式。可见，在科大的学习，既提升了同学们对真实世界的认知水平，也提高了他们解决实际问题的能力。

最重要的是，我从文章中读出了“情怀”。赵征老师的“623校友大家庭”，让科大“陪伴”在同学们的身边，让毕业后的校友们依旧“生活”在科大里，让同学们明白了“实现专业的厚重与生命的丰盈才是最朴素、最持久、最撼动人心的力量，它能够化解焦虑，燃起斗志；它体现着岁月洗尽铅华后依然雍容的自信”。

这个大家庭，也让每一个人意识到了使命——“求学科大，是一份荣耀，也是一份信心，更是一份责任。路漫漫其修远兮，吾将上下而求索”。

情怀，驱动科大持续创新。中国的未来创新之路漫长，我相信所有的科大人一定会在这份情怀的激励下，在“科教报国，服务社会”之路上，不断前行！

2018年1月31日

前　言

关于“623”

2007年，我从日本回到中国科大管理学院任教，招收了第一批指导论文的研究生。这些研究生中既有科学学位的学生，也有专业学位的MBA（工商管理）学生，后来又增加了MPM（项目管理）、MPA（公共事务管理）和EMBA的学生。

科学学位的学生每年一期，而专业学位的学生因为每年有两次开题，所以每年就有了两期学生。为了方便教导和管理，我把每期指导论文的学生们都编成一个小组。这样一来，学生们既可以组内交流，也可以组间交流，当然科学学位的同学与专业学位的同学也可以交流，他们经常一起讨论、一起研究、一起分享观点、一起准备答辩。这不仅促进了交流，在论文撰写过程中，老师和同学之间、同学与同学之间还建立了深厚的友谊。

当第一批学生毕业时，彼此都依依不舍，于是共同建议保留小组的建制，希望在离开学校之后，还继续和老师及同学们保持联系。作为一名科大毕业生，我非常认同大家的建议，因为我本科毕业后的相当长时间内，基本中断了与母校的联系，对此内心一直深感遗憾，当然不希望同样的遗憾再发生在我的学生们身上。为了满足大家的心愿，我征得了科大校友总会的同意，在时任校友总会副会长、秘书长朱东杰老师的支持下，成立了一个最小单位的校友组织——管理学院623校友大家庭（下文简称“623大家庭”）。名字的选择，则是因我回国后第一间办公室的门牌号——管理科研楼的623室，所有的同学们对它都很熟悉，又很有感情，于是就把它作为了组织的名称。

大家为“623”这个品牌设计了Logo，定制了VI手册，制作了纪念品。十年来，这个大家庭，已经拥有了近200名校友会员，每年组织活动，举办年会，分享交流，共同陪伴成长。

2017年底，为了庆祝母校六十周年校庆，623大家庭发出号召，请成员们叙述他们和科大以及623大家庭的故事，除了向校庆投稿，大家还在自己的朋友圈发表，选出了义务编辑，准备汇总后印制成册，留作纪念。号召一发出，就得到了成员们的热烈响应，一篇、两篇、三篇……稿子络绎不绝，经公众号一刊发，随即引发众多校友关注，好评如潮、转发不断。而且很多校友建议印制成书，甚至还有很多读者要求提前预订。在大家的鼓励下，我们最终决定将所有文章汇集出版。

关于书名

◎ 格物省身：科学与人文并重

“格物”一词最早见于先秦经典《礼记·大学》，是儒者求学八个阶段的初始阶段：“古之欲明明德于天下者，先治其国；欲治其国者，先齐其家；欲齐其家者，先修其身；欲修其身者，先正其心；欲正其心者，先诚其意；欲诚其意者，先致其知。致知在格物。格物而后知至，知至而后意诚，意诚而后心正，心正而后身修，身修而后家齐，家齐而后国治，国治而后天下平。”

诺贝尔奖获得者丁肇中先生在其所写的《应有格物致知精神》文中说道：一个人教育的出发点是“格物”和“致知”。就是说，从探察物体而得到知识。丁先生认为用这个“格物”描写现代学术发展是再适当也没有了。现代学术的基础就是实地的探察，就是实践。不管研究科学，研究人文学，或者在个人行动上，我们都要保留一个怀疑、求真的态度，要靠实践来发现事物的真相。世界和社会的环境变化得很快，世界上不同文化的交流也越来越密切。我们不能盲目地接受过去认为的真理，我们要培养自己的判断力。

科学精神，这是中国科大培养所有学生的一个重要方面。

“省身”源于“吾日三省吾身”，出自《论语•学而》。“三省”者何也？为人谋而不忠乎？与朋友交而不信乎？传不习乎？即“替别人做事有没有尽心竭力？和朋友交往有没有诚信？老师传授的知识有没有按时温习？”所谓“省身”，是指人们在日常生活中，随时随地对自身行为进行反省与自律的一种状态。

“省身”是一种人生态度，是一种修养，是一种自律，也是一种坦荡。

人文素养，也是所有中国科大学生应该具备的另一个重要方面。

◎ 理实交融：理论结合实践

“理实交融”源自中国科大校训“红专并进，理实交融”。与其他学科相比，管理学的问题大多来自实践，管理学院的学生大多具备一定的实践经验，因此管理学院更需注重理论与实践的结合，更关注来自于实践、服务于实践的教学思路。

◎ 管理学院校友：本书作者们的身份

在计划出版本书之前，曾想过以“非学霸”这个词来形容本书中绝大多数作者。有人说科大的本科生，都是学霸级别的；而到科大读硕士的，不少是因为本科没考上科大，但却一直有着一个科大梦，故而我们且称之为“非学霸”。后出版社认为此称呼似乎不妥，且该书又被列选为校庆图书，故采取了保守的叫法，统称为“管理学院校友”。

在中国，“学霸”似乎是一个很厉害、很让人羡慕的称呼，很多人希望成为“学霸”，很多人更认为科大是“学霸”的汇聚地。其实学霸是基于参照系的，从小学到大学，随着高水平同学的不断汇聚，成为“学霸”都是暂时的，变成“非学霸”是必然的。

很多人在科大经历了从“学霸”到“非学霸”的转变。这同时也是一种对自身“重新认知”的过程。很多学生进入科大后，都有这样的认知转变过程，最终主动或被动地接受自己“非学霸”的现状，而这也是融入新环境、更好学习的重要阶段。

“非学霸”也是激励方式的重要转变过程，被称为“学霸”觉得很荣耀，这时的激励大多来自外部；转变为“非学霸”之后，外部激励减少了，需要提升自身的内激励水平，而内激励是人生持续成长的主要激励方式。

书中文章的大部分校友作者，某种意义而言，都不是“初始”学霸，没有在本科阶段考入名校，但是他们却不断努力，不断赶超，成为了“途中”学霸，在工作若干年后考入科大攻读研究生。不仅如此，还在毕业后始终保持学习状态。

一般意义上的“学霸”似乎是指学习好，但在623大家庭的所有成员看来，“学霸”，与成绩无关，而与态度相关，是主动终身学习的一种态度；“学霸”，更应是一种情怀，是一份追求，是不断创造价值。如果从这个意义上来说，623大家庭的成员们，就是真正的“学霸”。

虽然这个称呼最终没有使用，但我还是想把自己对“非学霸”的解读分享给大家，因为他们是我心目中真正的“学霸”。

◎ 科大故事

本书以讲故事的形式，讲述了623大家庭校友们自己在科大生活和学习（以及与科大有关）的故事，是回忆、是反思、是总结，更是再出发。

从所有人的文字中，我们看到了他们真实的喜、怒、哀、乐。而这个时代，缺的恰恰不是完美的人，缺的正是从内心深处给出的真诚、正义、热爱和追求。这也是这本书真正的意义所在。

最后，要感谢每一位623成员对本书出版的支持；感谢每一位作者认真付出的心血；感谢管理学院领导的审稿，感谢校庆办公室领导的支持，感谢吴杏梅同学义务编辑所有的文章，联络每一位作者，精心排版图片文字；感谢中国科学技术大学出版社的领导和编辑，感谢所有参与这本书写作和出版的朋友。

最后，感谢所有的读者，没有你们的支持，这本书就不可能问世。

赵　征

目　录

校园故事篇

Villa B für Familie Bader Starnberger See. München. Thomas Fischer.

创业故事篇

校园故事篇

STORIES IN USTC

1/999

我始终相信，每个校友心中，都坚定着一个信念：我，代表科大！我，传承科大！

——赵　征

前几天女儿放学后，向我咨询备课的经验和授课的技巧。我问她要做什么？她说要给高一年级的同学上课。

我很好奇："是每个成绩好的学生都要给低年级的上课吗？"

"不是，要先自己报名，然后再选拔。"女儿回答道。

"那报名的人多吗？"

"不多。"

"那你为什么要报名呢？"我更好奇了。

"因为我高一的时候，也听过高年级同学的学习分享课，他们告诉我们课程知识的要点和学习的一些技巧，我觉得很有收获。"女儿说道："这个方法很好，而且我觉得我也有义务把我的收获分享给低年级的同学。再说，我当时竞选学生会主席的时候提出的口号就是'学校的精彩，请让我传递'，我觉得我更应该去做好这些传承的事。"

听完女儿的回答，我表扬了她，首先是她信守承诺，更重要的是她懂得了传承。

无论是一个家庭，还是一个学校、一个社会，甚至是一个国家、一个民族，最重要的可能就是传承。这一点，是科大在我的成长过程中留下的最深体会。

我本科进入科大读的是无线电专业，还记得本科毕业论文的指导老师是钟德元教授和张绍平老师，毕业论文的内容似乎是51单片机的相关应用研究。准备了很久毕业作品，快要到答辩时间，我突然发现程序上出现了问题，两位老师花了几天的时间陪着我一起找问题，最后发现原来是设计电路板的时候，犯了一个错误。这个时候时间已经很紧张了，可能已经来不及重新制作电路板了。但是，两位老师不约而同地坚定要求必须重新制作。于是，我只好抓紧时间连夜重新设计电路板，再去哀求制作电路板的供应商。还好，在大家的共同帮助下，最后顺利通过了答辩。现在回想起来，毕业论文的内容，我早已忘记了。但是，指导老师严谨的治学精神，发现问题绝不放过的工作态度，给我留下了深刻的印象。

工作数年之后，我又重新回到科大，跟随梁樑教授攻读管理学硕士。梁老师非常重视管理实践研究。为了让我做好毕业论文，他亲自打电话给他熟悉的公司总经理，安排我进行实践研究，他要求我必须待满三个月，每日到企业上班，深入了解企业，依据我的研究计划，实地进行有针对性的访谈和数据收集，不仅要在理论研究上有新意，还要提出切实可行的解决方案。硕士论文的研究内容，我也早已忘得干干净净了，但是梁老师在管理学研究中密切联系实际的学术精神，深深地影响了我。正是在这种精神的指引下，我顺利地完成了海外博士学位的攻读，之后决定回国发展。

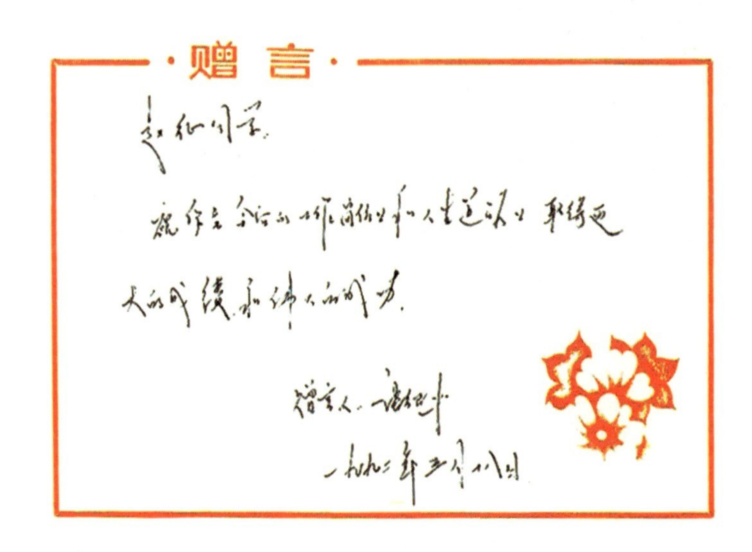

回国前，与同是科大校友的父母，商量进入国内哪所高校工作。纠结到最后，还是父亲一锤定音："既然回国都是报效，那就回来报效科大吧！至少你熟悉科大，能更好地传承！"于是，2007年我回到科大管理学院，开始了教书的生涯。

我一直认为，校友分为两种：一种是你曾经在学校生活过；另一种是学校就在你的生活之中。很多校友在回想科大的时候，都会有这样或那样的遗憾，其中最具共性的遗憾，就是在离开学校之后，就没有机会经常向老师请教和交流了，于是，学校就仅仅成了你生活过的地方。

为了不让我的学生们有同样的遗憾，2007年我回国伊始，就在同学们的要求下，在时任校友总会领导的支持下，创办了一个最小的校友组织——以我指导论文的学生组成的623大家庭。从最开始的一两个，10年之后，规模已经接近200人。由于管理学院的校友很多是在本地工作，因此我不仅在大家上学期间，给予学术上的指导，还能够在同学们毕业后的岁月里，作为他们的朋友，陪伴他们共同成长。尽管大家毕业离开了学校，但学校仿佛仍在学生们的生活之中，正是在这样的氛围里，很多“科大元素”得以更好地传承。不仅仅同学们获益，这样的密切联系，还让我有了更多接触管理实践的机会，让我的学术研究水平和教学活动质量不断得以提升。

这次恰逢中国科大六十周年校庆，我鼓励同学们把有关科大的记忆，写成故事，汇集成册，留作纪念。他们的故事，不仅感动了我，也感动了他们的同学和朋友，更感动了众多读者。在故事当中，我发现他们的很多感受和我一样，比如忘记了论文的内容，但记住了研究过程的细节。在他们脑海中留下深深印记的，可能是头天晚上发来的论文，第二天一大早就收到了导师的回复意见；可能是深夜里的电话请教，数十分钟的长谈；可能是两个错字就被我打回去重写的惨痛经历；可能是战战兢兢、惴惴不安等待论文通过的那份焦虑心情。但正是这所有的一切，伴随着他们不断成长、进步。

有人问，为什么要写下这些故事，并广为传播？

我还记得一件小事。我曾经连续几年参与辽宁省的科大招生，作为宣讲讲师，负责向家长们介绍科大整体情况和招生安排。有一次，在我介绍科大的时候，谈到科大在培养学生方面的成就时，列举了一个统计数字：每一千个科大毕业生中就有一个成为院士。这时，突然台下家长举手提问："赵老师，我能不能关心和了解一下，剩下的999人在做什么？"当时，这个问题触动了同样身为家长的我。是的，科大的千分之一、万分之一，对每个家庭而言，其实都是百分之百。

同学们写下的这些文字，其实所讲述的，正是那999人自己的故事。我，也不例外。其实我和我的学生们一样，都可能成不了那千分之一，而是只能作为分母，成为1/999。尽管如此，无论是623大家庭的成员，还是我接触过的每一个校友，我都看不到哪一个人存有懈怠之心，每个人都依旧奋力前行。其实，没有了千人的共同努力，又岂有一个人的脱颖而出？

我始终相信，每个校友心中，都坚定着一个信念：我，代表科大！我，传承科大！

也许，这就是我理解的科大精神！

你好，科大！

六十，快乐！

赵征，中国科学技术大学1988级无线电专业本科，2000级管理学硕士，日本东京工业大学博士。现任中国科学技术大学管理学院院长助理。

与母校相识十年

十年，我们都改变了很多，但“科大”的烙印永远不变。

——彭 彬

时间如白驹过隙，不知不觉已与母校相识十年。熟悉的二教、熟悉的勤奋路、熟悉的老师，还有那些曾经一起学习、一起成长、一起吹牛的同学们，往日的很多画面仿佛就发生在昨天。

十年前，我们还是毛头小子，在东区大礼堂领取新生报到材料；十年后，大礼堂还是那个大礼堂，但我们中的很多同学早已锋芒初现、霸气外漏。

十年前，我们还在“一教”“二教”抢座、让座；十年后我们回到母校，带着我们自己的娃娃来看当年的座椅。

十年前，班级集体行动，到西区去栽小树苗、骑车去三河、包车去黄山；十年后，我们想念对方了，就在班级群里发发红包……

十年前，讨厌学校的熄灯制度，我们就从中科超市买来充电应急灯，作为夜里十二点后的备用光源。有时候挑灯夜战是在刷“吉米多维奇”①练习题，有时候挑灯夜战是在玩“八十分”②；十年后，我们

① 吉米多维奇，白罗斯（原称“白俄罗斯”）籍数学家，其代表作有《数学分析习题集》《大学数学问题集》等，科大本科生人手一册的数学学习资料。

② 八十分：一种扑克牌游戏。

不用担心熄灯了，都已成家立业的我们，却要加班处理工作，要陪小朋友成长。

十年前，我们从“四教”拉网线到宿舍，胆战心惊，说是为了好好学习，实际上却是1小时查资料，10小时联网打游戏；十年后，没人管我们是在查资料还是打游戏，但是为了家人健康，为了孩子成长，我们知道应该怎么做。

十年前，我们还在为今天谁去打水，是去桃李园吃饭还是去“牛牛餐馆”吃饭而纠结；十年后，我们会经常在彼此的“地盘上”吃着当地的特色，享受着当地特有的感觉。

十年前，我们上着自认为非常“狗血”的课程，每次考试周都在慌张地准备着，一切为了GPA①；十年后，试卷答案或者说成绩更多来自内心的那份肯定。

十年间，我们不断前行，改变了很多；母校也在不断前行，改变也很多。但是“万变不离其宗”，母校给予我们的更多。如今走到哪里，我们都被打上“科大”的烙印，自豪地接受着“科大人”这一称呼。

在未来的道路上，我们始终坚持“红专并进，理实交融”，我们始终坚持互帮互助、共同成长，向母校致敬。

彭彬，中国科学技术大学2003级信息管理与决策科学系本科(PB0315)，现任安徽中科博道管理咨询有限公司总经理。

① GPA:Grade Point Average，即平均成绩点数，学校对学生学习质量进行评定的指标之一。

管理的“USTC”

> 管理，只有永恒的问题，没有终结的答案。
>
> ——张　跃

作为管理者，不敢奢谈在管理学上毕业了。但作为管理学院的毕业生，恰逢科大六十周年后校庆之际，总要写点东西，以纪念母校甲子之庆。

母校是什么？母校就是你每天吐槽8次，却不允许别人吐槽1次的学校。我对华中科技大学校长李培根院士的这个母校论有共鸣，很精辟。

中国科学技术大学，英文全称为University of Science and Technology of China，简写为USTC。作为科大管理学院的老生，对母校的话题，肯定绕不开“管理”。当然，像李院士所说的那份母校情，恐怕仅限口头上分享“USTC”的管理；书面上，换个角度，谈谈管理的“USTC”。

管理的“U”，即User，用户格局，是管理的战略支点

无用户，不组织。无论是营利性组织，还是非营利性组织，都是为特定的用户服务。组织的卓越与否，可以从它的用户格局上见分晓。格，要精细；局，要大气。用户格局，就是要在戳中痛点、解决难点

上，创造难以割舍的最大公约数。企业、政府、NGO[①]等，无不如此。当下，我们很多人手上都有不少的消费卡，而且卡里有很多沉睡的积分数字。但是，这个积分要花出去，可不是一件很容易的事。为啥不容易？但凡积分不好使的商家，其隐藏的设计初衷，都是用户多花一个积分，就相当于企业少收一部分现金。因此，一边美其名曰送积分，一边遮遮掩掩避积分，让很多人“自觉”地不用积分。结果是，越不用，就越没用。所以，有真正用户格局的品牌，总是在战略上无限逼近用户真正想要的方向。只有爱用，才会有用。只有爱用户，才会被拥护。过去，我们常说，人才，是未来；对管理来说，人，才是未来。

管理的“S”，即Science，科学思维，是管理的制度基点

泰罗说，科学管理就是“75%的科学+25%的常识”。这句话彰显了科学管理之父对规则和效率的研究偏好。应该说，这个影响百年的深刻思想，越发彰显价值，而且越是强大的组织、越是体大的项目，越需要科学的反思和批判。有人问：谁是对三峡工程贡献最大的人？三峡工程质量检查专家组组长潘家铮院士说：“那些反对三峡工程的人对三峡工程的贡献最大。”又譬如，科大校友张亚勤博士曾谈到，微软为什么到今天还有强大的竞争力？是因为有一个很大的商业发动机，那就是它最重要的一点——不断否定、更新自己。微软成立30年，其实每5年都做一次大的战略反思、调整。没有规矩，不成方圆。没有反思的制度，就没有成功的管理。

管理的“T”，即Technology，技术创新，是管理的边界切点

从构想到现实，中间的这条技术之路，有时候像鸿沟一样难以跨越，有时候又像咫尺一样轻而易举。例如，第一张飞行检查单，就是1935年波音公司在美国军方招标中，以2名试飞机组成员的宝贵生命和一架4发“空中堡垒”轰炸机为代价，总结出来的。自此以后，Check-

① NGO:Non-Governmental Organizations，非政府组织。

list这个工具，就成为全球民航机长确保安全的“秘密武器”。有趣的是，轻而易举的东西，未必用得好；难以跨越的东西，未必不可及。日前，科技部公布我国四大新一代人工智能开放创新平台：依托百度公司主攻自动驾驶，依托阿里云公司主攻城市大脑，依托腾讯公司主攻医疗影像，依托科大讯飞公司主攻语音智能。这次投入集中、创新活跃、应用广泛、辐射宽阔的技术创新，必将迎来“黑科技”的新一轮颠覆，也必将推进管理边界的突破。

管理的“C”，即Culture，文化基因，是管理的沟通接点

文化，是无声的命令。文化基因，往往在不经意中激发沟通的涟漪。我至今保存着母校寄来的“录取通知书”原件。一页折叠的铜版纸，看起来很普通，但仪式感很强。封面手书烫金的校名，“中国科学技术大学”这八个大字，总让我瞬间肃然起敬。封底简洁朴实的雕塑，我理解为科大文化的象征。这个名为“孺子牛”的雕塑，构造很简单，主题部分就是一个巨大的地球和两匹有力的大牛，两牛紧贴地球，呈对称之势的奋进状，宛若你追我赶的“牛转乾坤”，寓意为“扭转乾坤”。从这个意义上来说，母校早在1980年代就提出的“创寰宇学府、育天下英才”办学志向，真可谓高度凝练、大气磅礴、催人奋进。这些年，我离母校越来越远，但心从来就没离开过，尤其感受到母校的“大牛文化”越发兴盛。譬如，“量子GDP”（郭光灿、杜江峰、潘建伟三位教授姓氏首字母组合），就演绎了USTC的新一代传奇。“墨子号”量子卫星，在全球捷足先登上天，就是“牛转乾坤”的最新诠释。

一言以蔽之，我相信，有人会从管理的角度，全面解密“墨子号”背后的“USTC”，推而广之；我坚信，“墨子号”背后的“USTC”，定能开创管理的高度，广而告之。

张跃，中国科学技术大学2006级MBA，现任中国东方航空股份有限公司地面服务部综合事务部副总经理。

科大缘记

唯愿母校桃李春风，大展芳华！

——贵广曙

中国科大，高校之翘楚，海内之名门，居皖中而襟怀天下，攻前沿而放眼未来。甲子峥嵘，矢志不渝，红专并进，理实交融，名师云集，才俊辈出。

尝记儿时，每有父辈问及高考志向，必朗声答曰“裤子大”①，盖“科技大”之庐州乡音也。及至长大，学业懈怠，空有志而力不足，自是望科大之门而兴叹，徒然羡之，一份情节深埋于心。

岁月流水，转眼工作有年，成家得子，常携幼子科大漫步，校园流连，以为此生无缘名门，熏陶之下，孩儿或可了吾少年心愿。一晃经年，偶知好友科大管院读研，心意萌动，详问其情，遂重拾书本，一番刻苦，几许周折，终究如愿，得科大硕士学位，忝列校友之中。

回想科大经历，感慨颇多，受益匪浅。成人就学，不比年少，琐事繁多，精力难济，况学业荒疏已久，需诸多温习，反复功课。幸有良师，不嫌愚钝，悉心辅导，勤勉相授。师生年岁多相仿，除教程内传道

① 中国科学技术大学在合肥简称“科技大”。合肥方言把“科技”读作“裤子”，所以科大就有了“裤子大”这个别称。

授业解惑，课堂外亦工作、生活多面交流，师生之情更添师友之谊，故常怀感师之恩、感激之意。吾与论文导师赵征先生即亦师亦友，彼此相契，时有小聚，谈笑风生，偶有争论，也为快事。先生海归俊杰，学识一流、眼界不凡、履历丰富、思维开阔，每每与之求教，多得指点，深受感染。

身边同学，年龄不一，多为事业有成之人，无关富贵，不论大小，学生身份，心态端正，取长补短，相互进步，且重回校园，归真返璞，同窗之情，单纯心思，结缘于此，更加珍惜，及至毕业，不舍依依。虽天南地北，时光荏苒，始终情意传达，音讯相通，每逢喜庆总有道贺，如需援手多有支持。料得校友他乡重遇，当为喜出望外；遥想师生来日齐聚，应是喜不自禁。

吾本体制中人，于现代企业管理、市场经营、资本运作等粗通皮毛，缺理论之体系培训，更乏实操之经验。几年光阴，基础学习，体系讲授，案例分析，游学参观，已多有长进，虽不免纸上谈兵之嫌，却也能有的放矢说清一二，于是多得几分自信，敢向市场打磨。

人生阅历，多是经历累积。然累积当以学识为基础，眼界为扩充。若无学识，累积无益。倘失眼界，阅历有缺。回顾科大学习，再造提高，增学识，长眼界，终身受益也。吾也有幸，遂愿名门，自不敢懈怠，无能增光添彩，希冀不辱师门。

恰值科大六秩大庆，谨以拙文以贺之。另作《贺科大六十校庆》一首，唯愿母校桃李春风，大展芳华！

峥嵘甲子红专并，筚路先驱后继幡。

若谷虚怀循大道，争春桃李灿名门。

费广曙，中国科学技术大学2008级MBA、2012级EMBA，原安徽民航机场集团公司董事会秘书，现为职业经理人。

逻辑的力量

我给科大贴上的标签是"逻辑"，因为是科大教会了我发现问题的逻辑、分析思考的逻辑以及演绎归纳的逻辑。

——姚维松

时值冬月，又是大雪纷飞，2008年初在科大西区考场奋笔疾书的情景历历在目。转眼间，与科大结缘已经十年，入学时恰逢科大建校50年，而今已是一甲子了。

在每个科大人心目中，都会各自给科大贴上以下标签：严谨、权威、前沿、傲娇等等。而我，却一直没找到属于我的那个词，直到有一天，和一位客户谈完业务之后，其认为我思路清晰，看问题比较全面，分析问题比较透彻，遂问我如何做到的。初时一愣，我觉得自己并未刻意训练，后略加思索，便恍然大悟，于是也就有了属于我对科大的标签：逻辑！是的，就是逻辑，是科大教会了我发现问题的逻辑、分析思考的逻辑以及演绎归纳的逻辑。

科大以理工见长，而理工科研究中一个最为显著的特点即是严谨，在科大的两年半时间里，我不断地感受到来自这二字的魅力和"洗礼"：案例讨论数据要严谨，发言引用材料要严谨，论文更是严谨加严谨。这些，在我后来的博士学习中更是受益匪浅。我想，这是科大教给我的治学逻辑。

我的MBA论文导师在“战略管理”第一节课就传授给我们研究问题和部署工作“拉清单”的方法，多年来，我一直遵循此法则。但凡遇到重大问题需要抉择，我都会静下心来思考各种影响因子，列出清单，竟然屡试不爽。我想，这应该是科大教给我的职业逻辑。

在MBA学习过程中，尤其是案例讨论中，同学们经常为问题的主次、案例的分工、发言的顺序甚至一张PPT的美化争论得不可开交。后来在我的工作中，经常为制订客户的某个方案和同事们通宵达旦、反复推敲，不断推演乃至几易其稿，只为向客户呈现最完美的我们。我想，这是科大教给我的执业逻辑。

学习之余，科大南区绿茵场是我们的最爱。两年半中，我们以一班之力和其他高校的系队甚至院队竞技，居然未曾输过一场，固然有主场之利，但“战友”之间奋力拼搏、团队协作、默契配合以及场外同学的呐喊助威更是重要。同学们业已毕业多年，而今每年定期和不定期的聚会，每次都令同学们期待不已，席间大家把酒言欢、一诉衷肠，平日里互相帮衬更是自不必说，满满的都是兄弟姐妹情！我想，这是科大教给我的生活逻辑。

在科大虽仅数载，但从踏入校门的那一天始，我们和她已经注定是终身结缘了，这是不是也应该是一种逻辑的力量呢！

时值科大成立60年之际，谨以此文献给科大，感谢科大！祝福科大！

姚维松，中国科学技术大学2008级MBA，现任视野国际财务管理咨询(上海)有限公司董事长。

求知芳草地，追梦初心源

再入校门闻书香，

求知学海在课堂。

理实交融启梦想，

不忘初心再起航。

——方　坤

8年前我决定参加MBA全国统一考试的时候，周围一些朋友不太理解，因为我已经获得了一个硕士学位，应该不需要再花费时间去修个硕士文凭之类。的确，我不是奔着证书去的，而是奔着科大而来的。

再入校门闻书香

工作十几年再次踏入校门的感觉是如此记忆犹新。穿过南门的草地，看到一张张年轻的面孔，静谧的校园，自信的学子，一切都那么真实而激动人心。还记得办好校园卡后第一时间跑到图书馆借书的场景，像是走入迷宫，学科分类都搞得晕头转向，管理学理论、方法论、咨询学、领导学、决策学、计划和控制、组织学、应用管理学、战略管理等等。徘徊了好久，拎了一堆书回来，大家都问我选的啥书，我说按照市场理论选的书，就是只选贵的。我坚持的这个理论在战略管理课程上，被老师批判得体无完肤。第一堂战略管理课上，老师问大家最近在读什么书，有啥体会。我自认为读书不倦，洋洋洒洒说了一通。接下来没有等到老师的表扬，而是一连串的问题，这本书你的思考是什么？能否用自己的语言提炼内容？读有用之书还是无用之书？等等。等我再去图书馆时，耳边都是老师提的一个个问题，我不再冲着精装本、大部头去了。而要像蜜蜂一样去寻找书香，寻找我知识的短板，寻找我思想的空白，寻找我思维的惯性，寻找我安逸的舒适区，去挑战新领域，去挑战自我。科大，我来了！

求知学海在课堂

因为平时工作在异地，周末上学对我而言是不小的挑战。多亏了家人的理解和支持，让我能够坚持上课。在科大学习的两年半时间，是我度过的最充实的一段时光。想起糜仲春教授游刃有余地讲解一条条供需曲线；想起张瑞稳老师一支粉笔步入讲堂，复式记账娓娓道来；教授管理思想史的吴静波老师让我们知道原来管理也是有生命线的；讲授人力资源的朱宁老师给我们新的视角去关注他人关注自身；周垂日老师的项目管理课让我又一次感受题海……难忘的老师太多太多，同样难忘的还有同学们，在这个大家庭，大家互帮互助，有鼓励，有讨论，也有争执。有领导力非凡型，有智脑聪慧型，有手不释卷的，有手不离微博的。当我在电脑前敲下这段文字的时候，脑海中立马就出现了几位“代表人物”。科大，永远的记忆！

理实交融启梦想

科大的教学不单单在教室里面，各种小组讨论、PK赛、移动课堂、专家专题讲座等，各种教育创新模式，让我们如饥似渴地获取知识。“红专并进，理实交融”是科大的校训，知行合一是我读MBA的梦想，在实际工作中感觉本领不够时，是MBA的课程给了我指引和方向。记得我们一组人在跟赵征老师讨论论文设想时，一问一答的方式，让我们融入其中，我们像齿轮组一样，被赵老师带着不停转动。准备论文的过程，也是我突破自己知识储备的过程，联系实际找问题，寻找答案找理论，这就是我苦苦寻觅的知行合一呀！科大，我感谢您！

不忘初心再起航

不忘初心，继续前进，在学校的时候就设想毕业的时候如何把所思、所悟、所得运用到工作中、生活中。离开学校8年，自己也一直没有放弃学习，环境在不断变化，遇到的问题和压力也不断变化，只有依靠学习才能自信满满地面对，学习永远在路上，实践永远正当时。正如《淮南子·说林训》中所说：“临河而羡鱼，不如归家织网。”无论多么美好的愿望憧憬，都需要从点点滴滴入手，都需要脚踏实地地去提升自我，把每个阶段都当成起航的起点，这样才无愧于母校的教诲和培育。

适逢母校六十周年庆典，把自己的一点感受总结成文字。科大，我祝福您！

方珅，中国科学技术大学2010级MBA，现任中国移动通信集团安徽有限公司淮南分公司总经理。

科大·芳华

愿此生不负芳华，不负她。

——王　瑭

话说，从老祖宗开始，从人生的第一次迈进学堂开始，每个人的漫漫求学路就注定雄关漫道真如铁……《宋会要·崇儒》记载，宋代小学的要求是“小学生八岁能诵一大经，日书字二百”“十岁加一大经，字一百”，从那时候开始，就有“日考”，还有“月考”“季考”等，名目众多，花样层出不穷。到了明代，理学家沈鲤说“朔望日考试，分等地，行赏罚”，每月的初一、十五都要考试，还要看名次挨鞭子……

到了今天的我，一直以为按部就班地上完小学、中学、大学，就像“打怪升级”一样，已用尽洪荒之力，挥别“经史子集”“ABCD”，来不及说再见，充满期待地开始了我的职场旅途……可仅仅三年，工作中一份“创新管理报告”就彻底把我打回原形。我记得很清楚，公司领导亲自修改了这份报告，并且跟我说了一句话：“建议你去考中国科大的管理学院，你可以写得更好。”我一咬牙，不服输的性格开始没日没夜的复习，准备让自己“回炉再造”一下。

让自己在人才济济的单位里立足，是我投身科大的初衷。可生活总是充满了惊喜，当我真的进入科大，才发现这一步走的如此之妙。

7年前，我第一次坐在科大的教室里，就有一种莫名的归属感。窗外校园的林荫路上，很多学生手捧书本，有的专注研读，有的高谈论阔，科大的氛围永远是热情的、阳光的，又是严谨而奋进的。我曾跟同学开玩笑说，“科大校园里的猫都有一种科学家的气质”。走在勤奋路上，洋溢的都是充满自信和简单的快乐，说也奇怪，再也没了以前为了读书而读书的感受，这一次完全是自己的选择。我选择了科大，也感谢科大接纳了我，在我最好的年华。我毫无悬念地被科大的文化深深影响，被老师博学专业的精神折服，而且还认识了一群志同道合的同学。我们进行了无数次形式多样的小组讨论、观点碰撞的思辩，也开始接触了解各行各业……在这里我最大的感受是除了汲取知识，更多的是还能从很多优秀的人和有意思的事上学习到很多经验以及方法。这些就像养分和雨露般不断刺激我成长，并受用终生。

说两件记忆深刻的小事，一件是有关“思考”。我第一次上战略管理课迟到了，我诚实地告诉老师因为我去参加了卡丁车挑战赛，出乎意料的是老师没有批评我，反而是跟我讨论赛车取胜的关键是什么？是过弯的能力还是全程的策略？老师的上课方式也是喜欢提出问题，激发学生思考问题的能力，这一点后来在他的《与女儿谈管理》书上找到了最好的答案，任何一件小事都可以用管理的思维去思考。我对思考的重要性开始慎视，开始学会和自己对话，学会提问和找到解决问题的方式，这一点给我后来的工作中也带来了很大裨益。

另一件事有关“坚持”。研究生期间，和同学好友进行过很多次充满挑战的户外徒步，最难忘的一次在皖南地区，攀峰过程中突降大雨，因为是原始未开发的山路，被冲刷后很难找到清晰的路径，靠当地人带着，我们只能手脚并用的摸索前进，当时脚底下的土壤松软，石头满是苔藓，浑身湿透，连呼吸都困难。每一步都艰难痛苦，还有三只蚂蟥钻进了我的腿部……当时我们背着装备，同学之间互相鼓励，靠着内心的信念和那份坚持，大概爬了近8小时。当我们到山顶的那一刻，突然雨停云散，抬头的那一瞬间迎面是璀璨而灿烂的阳光。那一刻，站在阳光中俯瞰，云海美得让人窒息，突然明白之前的每一步都是值得的，因为坚持而看到了难得一见的风景。阳光其实一直都在，没到那个高度，你不会见到它，置身阳光中，俯瞰身后，刚刚困扰我们的浓浓云雾，现在成为了眼中的云海奇观。

感谢科大，让“思考”和“坚持”这两个好习惯陪伴了我7年，促我成长，面对生活中的迷雾和障碍，能思考和判断，保持一份清澈的智慧，保持一份向上的精神和永不言弃的坚韧，迎接我的是一片开阔壮丽的天地，还有那瑰丽纷呈的阳光。

12月15日是我的生日，碰巧这一天冯导的电影《芳华》上映[①]。这部电影名特别应景，《楚辞·九章·思美人》说“芳与泽其杂糅兮，羌

① 本文于2017年12月15日在赵征老师的微信公众号发表，故本文作者应情、应景为本文取名《科大·芳华》。

芳华自中出”。我在最美好的年华走进了科大，一晃已数年。人说“七年之痒”，而今说起科大，我却依然心动不已，甚至有再次回到她怀抱的冲动……如此，愿此生不负芳华，不负她。

王瑭，中国科学技术大学2010级MBA，现任中国移动政企分公司教育行业解决方案部合作总监。

“裤子大”“623”——我最荣耀的“标签”

“标签化”于我的三层意义，让我努力成为母校的荣耀。

——徐 艳

提到“标签”，你脑海里的第一反应是什么？拒绝？抵触？这与百度给出的答案基本一致：“别被标签化思维所累”“标签化伤害了谁”“对不起我不想再被标签化了”……细细想来，近年在众多舆论热点事件的传播、升级、甚至发酵过程中，以偏概全、断章取义的“标签化”思维，确实起到了负面的催化作用：农村来的 =“凤凰男”= 一定势利傲娇；家族富庶 = “富二代”=一定玩世不恭……“标签化”——一个中性的名词，在人们的口诛笔伐中逐渐“污名化”，然而它真的是如此不堪吗？

于我而言当然不是，因为在我身上就有很多标签，它们是我的荣耀，而我则实实在在的是它们的受益者。

在科大读研时——这是我们的保送生，安大模特队队长。

刚入职时——这是我们的新员工，科大硕士毕业生。

偶遇校友时——这是我们的小师妹，“623大家庭”的一员……

这些标签都成为了我占领别人记忆小盒子的重要武器，也反映出

“标签化”的第一种正向作用：辅助认知、强化印象。HR的从业经验让我见识过很多的自我介绍，也在面试官及新员工群体中就“印象最深的人”展开过调查，结果显示，在记忆程度排序中，有标签者高于无标签者，有独特标签者高于普通标签者。因此，明确自身优势、筛选有效标签是我们巧妙发挥“标签化”认知作用的基础性动作。

维持人设、自我证明则是“标签化”于我的第二层激励作用，必须通过不断努力来证明自己确实对得起这些标签。“模特队队长”提醒我在美食和懒惰面前要加强锻炼、保持身材；“科大硕士毕业”要求我牢记“红专并进，理实交融”，始终保持优异的学习能力与专业素质；“623大家庭”鞭策我在职场中积极进取，努力成为像师兄师姐一样成功的人。“标签”给了我们“偶像包袱”，让我们在自我证明的路上没有退步的理由。

“自证预言”是一种心理学上的常见症状，意指人会不自觉地按照已知的预言来行事，最终令预言发生。这也引出了“标签化”的第三层意义——积极正面的自我暗示。给自己贴上“勤奋”的标签，告诉自己一定能够克服懒惰、努力勤勉；给自己带上“靠谱”的帽子，暗示自己在做事时思虑周全、有条不紊；给自己穿上“有涵养”的衣服，在与人分歧时保持宽容、体现风度。“标签化”的预期作用不仅展示了我们是哪种人，更能体现出我们想成为哪种人，并且帮助我们不断强化行为去成为这种人。

我想“标签化”的极致作用是努力成为别人的标签。对现在的我们来说，“裤子大”“623”是我们最骄傲、最荣耀的“标签”，但也许某天我们也真的能像张亚勤、庄小威校友一样，不再只是“科大的毕业生”，而能自豪地让“裤子大”“623”被标签为“我们的母校”“我们的623”。

衷心祝福母校及各位校友的未来越来越好！

徐艳，中国科学技术大学2010级工商管理科学硕士（SA10204），现任中国建设银行合肥电子银行业务中心业务经理。

缘，妙不可言——给“裤子大”的一封情书

缘，的确是个妙不可言说的东西，我与科大的擦肩而过，没有成永远，而是更美的遇见。

——任伟伟

亲爱的“裤子大”：

见字如面。

说“亲爱的”，绝不是无原则的肉麻或者信口开河，作为在教师之家出生、在校园里长大的我，只要到了校园，感觉就像回到了有血缘关系的家，亲近感油然而生，浑身舒坦自在，用个时髦一点的词来描述，叫做深入骨髓的“文化”。

时间越长，越是发现——缘，的确是个妙不可言的东西，我与科大的缘躲也躲不开，得泡壶茶慢慢道来。

1992年高考，知分填报志愿的时候，那时候还是有情怀的，什么经济、金融，总觉得俗了一些（最直接的原因就是我的中学校长得知我要填报某财大时鄙视的眼神伤害了我）。除了那些原因，还有自己不想学的，以及“我妈觉得很辛苦”的一些专业以外，放眼安徽省的大学，科大适合我们文科生的，有个科技英语专业，纠结了一下，放弃，选择了北上天津，在南开大学扎下了根。那是与科大第一次擦肩而过的情窦未开。

本科四年，男朋友在合肥，趁着各种假期，借着回家顺道的理由（虽然我家在皖北，也不是特别顺道），每年总要到省城合肥来溜达几次。那时的合肥城区版图没有这么大，除大蜀山、科学岛以外，就是合肥各大高校老乡同学友情游，除了安大的红油饺子，江淮仪表厂的电影院，科大校园的樱花大道，还有就是周末出没在安大舞厅春春欲动的男生们，据说有相当一部分来自于科大。那时候还不流行“小鲜肉”这个称呼，不过，于已经找到一泡“牛粪”的我来说，都是浮云，未惹情思。

四年光阴，倏忽而过。那个时候南开大学的毕业生找个工作还不算太难，投个简历就行，也不用经历一堆笔试、面试。同一天收到某银行和科大的回复，学校环境不陌生，亲戚朋友却没有在银行工作过的，只听说银行环境好、工资高，还有各种看得见看不见的福利等等传说，听得我这个清贫教师家的孩子恍然如梦。男朋友早一年毕业，一句惊醒梦中人，“科大，还是学校，你都在学校长这么大了，换个环境，去银行，钱多！”第二天，上午去科大，跟人家道歉，掉头回银行签约（我不是不学经济金融的嘛，找工作咋就不说情怀了呢？顺便鄙视了一下自己）。

后来，岁月是把杀猪刀，郎么，嫁了也就凑合了；行么，入了也是尽量从一而终。再后来二十多年，面对有寒暑假的教师朋友显摆自由的时候，有时也有不甘。但机缘错过，不回首也罢。

上班两年，赶上了单位福利分房末班车，单位小区就在科大马路对面。那个时候没有隔离带，大门对大门，连遛狗的老太太都互相串门，晚餐桌上品尝老太太们分享的实惠版科大食堂馒头。再后来，周末带上闺女，到科大看看树，看看草，在操场跑道溜达一圈晒晒太阳，顺便瞄一下足球健儿。再后来，与单位科大毕业的年轻人闲聊“裤子大”的毕业生典礼和情人节横幅……与科大的缘分，像是相亲嫁娶未遂，却投缘成了邻居朋友。

以为与科大就是柴米油盐酱醋茶这些牵绊了，哪晓得机缘巧合，单位重视人才培养，给了到科大MBA的培养机会。重拾书本，从艰难的入学联考，到逐门课程结业，到写论文答辩，年岁不算小了，拿俩证书也费了老大力气。科大最有意思的是老师们，严谨傲娇、有时甚至有些刻板的科大老师，遭遇我们一帮三四十岁、有工作有家庭有借口有时还不太遵守纪律的“熟男淑女”，前后三年，故事颇多，得另表好几枝。现在想来，有些对不住可爱的老师们，不该错过那么多课的，也没有在最后一课很有仪式感地欢呼“VIVE LA USTC”[①]。

哪个老男人唱的记不住了，“人生就像一条大河”，来处来，去处去，苦乐悲欢都是缘深缘浅的遇见，早已过了写诗的年纪，但总可以找个理由脱鞋小憩，三朋六友，喝茶掼蛋；或浮一大白，炸个罍子，叙一叙与科大未了的尘缘。

此致

敬礼！

任伟伟，中国科学技术大学2011级MBA，现就职于中国建设银行安徽省分行。

① 法语，意为“科大万岁”。

Stay hungry, stay foolish

永不懈怠、永不停滞，永远保持对科学世界的好奇心和探索欲望；胸怀理想主义的激情，行动上又脚踏实地。

——疏华茂

每年暮春，三四月的光景，总要抽空和家人去科大东区看一次樱花。百米长的樱花大道，看上去花团锦簇、绚烂至极。那些花儿，仿佛积攒着一世的能量，就赶在那几天含香吐蕊、竞相绽放，大家争相观赏。人们见证了太多的改变，也见证了科大人的坚守：在高校纷纷扩招的背景下，科大始终保持着每年不到2000人的本科生招生规模；在各大高校纷纷跑马圈地的时候，她始终静静地伫立那里……一年一度的樱花季，已成为一个盛大的节日，无数游人慕名前来，在樱花树下驻足，在科大的门楼前留影。科大的樱花，也因为书香的浸润，被赋予了不一样的精神气质……

作为一个文科生，此前从未想到过与科大结缘。因缘际会，2011年的秋天，听凭“直觉和心灵的指引”，我叩开了科大管理学院的大门。

与赵征老师相识，是在企业战略管理的课堂上；而得以融入“623大家庭”，则始于硕士学位论文的写作。那是一个阳光明媚的周日上午，我来到东区管理科研楼赵老师的办公室，接受论文开题前的辅导。此前，赵老师已经指导了超过120名学生，论文答辩通过率超过98%。赵老师管理整个论文团队有他鲜明的个人风格：一是注重严格纪律。一开始他就以威严的口吻告诫大家，凡经他开题签字的，本期必须参加答辩，排除了任何妄图临阵脱逃的想法。二是注重掌控关键节点。整个论文写作期间，赵老师安排了四次集体见面，分别在论文开题前、开题签字、中期检查和预答辩的时候。如果将论文写作比作一项工程，开题签字相当于可行性研究，中期检查相当于检查督促施工进度，预答辩相当于先行验收和评估，有利于查漏补缺。三是注重启发式教学。赵老师邀请了多位623大家庭的校友与大家分享写作心得，论文写作团队之间也互相交流，相互借鉴、取长补短，赵老师则适时加以点评。四是注重细节，包括论文格式、论文中出现的共性问题等。后期有外地同学的论文因为格式问题屡次被MBA中心打回，浪费了许多时间和精力，更让我感受到赵老师的良苦用心。

记得有一次在商务英语的课堂上，和蔼可亲的陶伟老师分享了一段史蒂夫·乔布斯在斯坦福大学毕业典礼上的演讲视频，给我留下深刻的印象。乔布斯提到，他跟随直觉和好奇心做出的选择，很多事后被证明是无价之宝；一个人现在所经历的，将在未来的生命中以某种方式串联起来。“Stay hungry, stay foolish”，乔布斯显然很中意这句话，在演讲结束时，他重复了三遍。作为一名法科学生，攻读MBA学位是一次“从心所欲”的选择，是一次跨界的尝试，也就面临着比别人更多的困难。论文资料收集困难，我就多次到目标公司实地调研，与公司管理层反复沟通，辅以文献检索，尽可能广泛收集资料；白天没有时间，我就在下班后把自己关在办公室，每天写作三小时，差不多坚持了一个多月。每当双目酸胀、头脑昏沉、灵感全无的时候，时常会想起乔布斯那篇字字珠玑的演讲，尤其是那句“Stay hungry, stay foolish”。每个人都可以对这句话做不一样的解读，我的解读是：不要让自己陷于安逸，一个人要想有所成就，就不能过得太舒服；月满则亏、水满则溢，任何时候都要有归零的心态。

2013年的夏天似乎特别漫长。终于，在一个周日的傍晚，在银泰中心的地下停车场，我接到了赵征老师的电话。赵老师以他可以与专业主持人媲美的浑厚而又富有磁性的嗓音告诉我：华茂，你的论文可以了，注意你的有些表格超出了页面的边界。那一刻，真的有如释重负的感觉。后期的论文答辩非常顺利，不仅我，整个论文团队的12名小伙伴都顺利通过了答辩。在论文的“致谢”部分，我写下这样一段话：赵征老师在繁忙的教学和科研之余，管理着一个人数众多的论文写作团队，从论文开题、中期检查、指导修改到预答辩，各个环节的精准掌控，本身就是非常生动的管理实践，在这里，管理释放了它的价值。

2018年的9月20日，科大即将迎来六十周年华诞。近年来，科大的原创研究出现了爆炸性增长，已经成为在国际上有重要影响的教学科研机构。回望母校筚路蓝缕的创业历程，似乎又可以对“Stay hungry, stay foolish”作出这样的解读：永不懈怠、永不停滞，永远保持对科学世界的好奇心和探索欲望；胸怀理想主义的激情，行动上又脚踏实地。

“Stay hungry, stay foolish”，愿与母校共成长！

疏华茂，中国科学技术大学2011级MBA，现任安徽省人民政府法制办公室经济法制处副处长。

此心安处是吾乡

科大于你，最大的益处就是让你站在她的肩上，轻易尝试到不囿于世的眼界。

——王亚伟

科大东区的图书馆路上栽着两排高大的树，秋日里，阳光异常亮丽，将树枝的影子斑斑驳驳地印在地上，可那树影中的光会晃了眼，凝神去看，轮廓并不分明。就像人心，你只会看到他们想让你看到的东西。而那昭昭日月照不到的背面，就像人心里的一个黑洞——因为黑洞，人们看不到未来，所以瞻前顾后……

25岁的你，在外企上班，出入高档写字楼，会用流利的英语和客户交流，听到同事分享咖啡的105种喝法会嘴角含笑，眼睛里兴致勃勃，你总是笑盈盈。

只有在周末，你会随意的穿着衣服，背着一包书，埋在校园里，手机一天不开也没关系，脸上虽然淡漠，心里却交出了控制权，你知道这样的一天，才叫做快乐。

你尤其喜欢和读书好的人为伍，相信他们掌握了通往这个世界未来方向的秘籍，你越来越期望和他们一样，成为“无所不知”的聪明人。

26岁的你，考上了科大的MBA，还是国际班，值得吹嘘一把。你听到爸妈和亲戚们打电话，却并不想发朋友圈，依旧拿着书，到东区的自习室，盘着腿窝在长长的椅子上，好像就藏在了硕大的教室里，心里隐隐的踏实。

你遇到了很多同学，匆匆遇见只是一瞥的人，却各个有趣。会有人夸你还是一团孩子气，笑盈盈的那么可爱，他们没有看到淡漠的你，却看到你心里的那团火。

在校园这个空间里，仿佛所有人都领到了“自由证”，走着走着忽然跑去教室做公式演算，在食堂吃着卤肉饭，就开始辩论未来的制造业。你不会在谁的眼里看到匪夷所思，就是走过的穿着最朴素衣服的眼镜男孩也并不是全然机械无趣。

再孤寂的节假日，自习室图书馆都有高朋满座。你很确定的是，学习的时候，从来不会孤独。

27岁的你，又一次拥有了极大的选择权，这些课程，多么有趣；这些不认识的同学，在分析案例时，神情专注，脸上的光慢慢投射出一个微妙的弧度；这些严肃或者风趣的老师，会用一种纵容而微妙的态度默许大家说出自己的想法。

你是真的喜欢这里，喜欢这种极高的包容度，你能看到自己被给予保持天性、自由生长的能力。

32岁的你，有了更多的历练，回到校园的时间越来越少。总是在车里远远地看着学校的门，黄山路、金寨路、水阳江路……

其实你知道自己没方向感，总是分不清南北，会乘上反向的公交车，还纳闷为何没有将去的那一站。可是，时间的列车那么多班次，要坐上哪一班，才不需要犹犹豫豫地张望？

你曾经在出差的夜里忽然醒来，似乎在宁静的深夜，还能听到火车疾行的规律声响，像是某种无言的安慰，载你驶往远方的梦境，那一刻，你很怀念校园：有很多自由，让你很快乐；有很多未知，等你去发掘。

大抵上，科大于你，最大的益处就是让你站在她的肩上，轻易尝试到不困于世的眼界。

在这个冬日的午后，淡淡的暖光撒向漫山遍野，撒在年轻人乌黑的头发上，撒在老人深刻的皱纹上，撒在碧绿的叶片上。

那暖光也撒向你的内心深处，那里曾经有一个黑洞，洞口站着一个渴望坚定、自信、睿智、博学集大成的小人儿。黑洞外面，一片阳光灿烂。

你知道，谁都会被花花世界扰乱，在这天地的熔炉里，我们都在做怎样蓝天白云的美梦。

你很少说爱，纵然是对她生日的祝福，也说不出爱母校的言语。其实，每个人爱着的，都是自己不可捉摸的一个秘密。

“红专并进，理实交融”，是科大的花，而我们，是她的果实。

王亚伟，中国科学技术大学2011级MBA国际班，现任合肥新站高新技术产业开发区经贸发展局企业服务处处长。

在科大，依然“纵横”的梦

我人生中最大的情缘就是科大情节，那是每一个科大人的烙印。

——张春生

MBA毕业多年，仿佛依然还在科大的校园，听赵征老师谈笑风生，看623大家庭同学们意气风发。作为623校友大家庭的一员，赵老师就像是师生校园的纽带，我们都像是“永不想毕业”的学生，围着科大，不断求索。

MBA的学业让我不断地思考人生、事业、家庭等。老师和同学都给了我很多的启发，顿悟的一刹那是多么美妙，这就像是一种悟道。在这里，我悟到许多不曾有过的做人、做事的道理，更加懂得珍惜身边的人和事，内心既激荡又平和，像是达到人生的另一种境界。MBA课堂是一个百花齐放、百家争鸣的地方，师生们有着各种创意想法。再一次历经老师们的指导和洗礼，我们有了各种想法，但却不同于青春年少时的冲动与懵懂，我们变得更加成熟稳重，有了儒商的内涵与深邃，不见了曾经的浮躁与咋咋呼呼。

回首往事，校园生活是最美的回忆，也是给予我最大动力和支持的地方，她让我成长、成熟、睿智。我人生中最大的情缘就是科大情节，那是每一个科大人的烙印。

美国的《科学》杂志说，“USTC”是中国最具魅力的大学，正因为如此，多少寒窗学子为了她如此痴狂，这也是我们都来到了这里的意义所在，因为我们大家都有一个科大梦。作为科大人，我们有着无限的自豪与荣耀。

本科毕业多年，对科大的情节依旧，当我再次踏入科大校园攻读MBA，那份情节变得更加浓烈，那些青春年少的大学生活与流连忘返的校园处处，又让我燃起了无边的热情。在老师理实交融的课堂里，曾经远去的青春又被拉了回来，面对老师的提问，有点陌生的羞涩，但却又抑制不住内心的兴奋。

或许，我们还记得曾经的那年，不是清晨的梦，却留恋在科大的校园里，聆听着校长在开学典礼上的教诲，一切仿佛就在昨天，伸手去触摸，温暖、甜蜜、碧波荡漾。或许，你还记得曾经的我们，都有一个别样的金秋，从礼堂前的秋水广场到理化楼前的欢声雀跃，我们空杯的心情，紧张、期待、憧憬。在梁樑院长讲完决策的心智模型时，我们或许并不知道自己开始了悟道，却恍然明白，我们已经开始了上下求索的路。从此，我们不再有周末，不再有清晨淡淡的梦乡，但我们却有了风雨同舟的良师益友，有了通往智者无忧的金色阶梯。

我们开始转换角色，不再是公司的经理，不再是单位的领导，不再是政府的官员，而是承载着科大使命的学生，厚重、风华，开始打上了科大的烙印，成为了一个真正的科大人。多少个艳阳的周末，春暖花开，或许你我正拥抱父母，告别在上学的路上，回头望着老人温馨的笑容，依依不舍，像个孩子似的矫情，在心里默默念着，来年一定陪您去踏青；又或许，炎炎夏日的午后，准备上课的你正凝视着照片上儿女灿烂的笑容，思念，有淡淡的忧伤，轻轻地许愿，来年一定陪你去游泳。梦，有着淡淡的清香，就像清晨醒来挂在嘴角的微笑，融化了冬天里肆意的冰雪，风雨无阻，岁月的阳光与风雨交织在一起，我们的科大路。夜，未央；梦，纵横。

求知的热情冲破了一开始的冰冻期，渴望、激动、愉悦的笑声回荡在教室内外，就像老师说的那样，课堂的互动总是让时光过得太快，讨论的时间总是觉得不足，真想把时间拉长，就像拉橡皮筋一样。

我们都十分清楚自己要学什么，要怎么学，所以我们都顶住了羞涩与压力，冲到老师的跟前，让自由的思维肆意地散发，然后，睁大眼睛等待着老师的赞扬或教诲，甚至在成熟的脸上还带着点天真的笑容。

我们或许都曾这样地问过自己，来科大攻读MBA到底是为了什么？MBA能学到什么？在科大的三年中学到了什么？

曾有智者这样说道，读书不能改变你的人生起点，但能改变你的人生终点；不能改变你的人生长度，但却可以改变你的人生宽度。闻此言，夫复何求。

三年的风雨科大路，或许你正在来回的火车上，枕着厚重的书包，在梦里念叨着明日要考的知识点；或许你错过了很多家长会，舞台上孩子在表演，台下却没有你的身影，期盼与失望写满了童真的眼神；深夜，母亲依然会来帮我盖被子，坐在床沿自言自语，假装与我聊天，睡梦醒来的我，泪流满面。

拭去眼角的泪水，闭目养神，坐在科大校园的教室里，呼吸着金桂的芬芳，已然听见先生朗朗的声音，心无杂念，又静心到书香的庭院里，全然不知窗外的江南，岁月如歌。

一次美国教授的课堂里，猛然听到教授在讲孙子兵法，我们于是不断地反思，西方或许有亚当·斯密、凯恩斯、泰勒、科特勒，但中国却有比他们更早的老子、孔子、孙子，大道就在我们的文化中。

一次课间休息，曾有一些同学从走廊那里穿过，不经意地抬头就看到了彼得·圣吉，于是我们从书店找来了《第五项修炼》，在修炼的过程中，在一瞬间我们明白了老师们的良苦用心，原来他们是想让大家知道大师离我们并不遥远，他们就在我们身边。

三年的时光，红专并进，理实交融，我们进行着紧张有序的工作、快乐激情的学习。我们度过了精彩的科大生活，融入了科大的文化里，我们是彻底的科大人，我们自豪，我们骄傲。

随着我们身上的科大精神融合得日渐深刻，科大印象与科大光环无法掩盖，我们无须用这样的品牌包装自己，但我们却需要齐心协力来维护科大制造的声誉，把这种声誉发展成为世界级的品牌。只有这样，当人们在谈及科大管院时，我们的脸上才会洋溢着那份自豪与荣耀，我们才能大声宣称我们就是科大人。

回首往事，有来时的脚印，岁月的风尘，或许还有隐约的沧桑，但却不再年少轻狂，透着历练与成熟。

梦，太甜蜜，瀚海星云的边际，有喃喃的细语，托清风捎来了金色的橄榄，冲去了所有疲惫与迷茫，有曾经的书香，顿悟，在不一样的沙场。

回眸科大的生活，你是否还记得同学们第一堂课的眼神与表情？你是否还记得第一次走进教室的老师？你是否还记得第一次班级的“破冰融入”活动？你是否依然记得第一次顿悟时的感觉？

小组讨论、专家座谈、移动课堂、百场报告会，都像是在论道科大，颇有百家争鸣的风范，英雄识英雄。当脑海中记忆的碎片一点点复原，三年的时光于是有了厚度。

在感叹时光蹉跎的同时，却又一次地回味了三年的悟道，聆听了多少大师的教诲，运筹帷幄，指点江山，掩藏不住的霸气与魅力，壮志在我胸。

知识的积累是一个潜移默化的过程，有时候，连你自己都无法相信，今天的你竟然被老师昨日不经意的一句话影响得如此深刻，甚至在自己的事业上运用得不亦乐乎。

每天清晨醒来，问问自己，还曾被多少同学昨日的言行触动至深，还曾被多少自己的灵感打动，还曾被多少东风吹起了燃情的创意。

毕业时分，我不经意地整理曾经的课件、教材和资料，往事一幕幕涌现，有无数次考前的深夜复习和无数次考后的欣喜若狂，但更多的是，我发现这些知识都有意无意地烙印到了我的灵魂里，流淌在我的血液里，才恍然为什么自己这些年事业越来越得心应手了。

心里充满着温暖的感觉，随着手指轻轻翻动，已经泛黄的纸张发出了微妙的响声，怦然心动，唤起了一串串科大的记忆。或许，多年以后，那纸张会更黄，但记忆却会更浓烈，甚至会有淡淡的清香，透着智者的芬芳。这就是我们的科大梦。

英国《自然》杂志说中国科大是中国最令人激动的大学。这是为什么呢？用著名数学家丘成桐的话来解释就是：在中国所有的大学中，最令人琢磨不定，也最有可能出现奇迹的就是中国科大。或许，明天的你我就会成为这样的奇迹！我们优秀，但远非如此；我们幸福，却依然继续拼搏。

梦，似乎都醒得很快，我们的科大梦，更是如此。梦醒来时，留下人生的酸甜苦辣，但我们的梦，醒来时挂着笑容，醒来时带着流连忘返，醒来时捧着金色的橄榄，醒来时收获着沉甸甸的人生。

春去秋来，枝头的凤凰在歌舞，唱着永恒的东风，燃起涅槃的火焰，从科大的摇篮里飞入云天；而我们就是那涅槃的火凤凰，舞动着翅膀，不是为了告别那昨日的同窗与恩师，而是为了拥抱那深爱着的母校。

论道科大，虽缠绵细语，却又荡气回肠，不为昨日的纵横捭阖，只为明日的王者归来。

张春生，中国科学技术大学2011级国际MBA，现任科大纵横教育科技有限公司总经理。

亦师亦友 亦庄亦谐

他是一位诲人不倦的老师，一位勤奋严谨的学者，一位学以致用的创业导师，一位热心公益的志愿者，一位修身齐家的倡导者。

——祝晓峰

他，在战略管理课上，是旁征博引，向MBA学员讲述服务外包的科大管院教授；他，在电视台的聚光灯下，是温文尔雅，引导创业嘉宾娓娓道来的财经节目主持人；他，在台湾辅仁大学的会议厅，是寻师访友，带领精英班学生进行两岸交流的班主任；他，在戈壁古道上，是指挥车队，向大漠长河挺进的自驾发烧友；他，在新书签售会上，又是身体力行，倡导子女素质教育的畅销书作者……他，身份太多，光环也太多，而于我，他还有一个重要的一个身份，MBA论文导师。

他就是“623大家庭”的创办人——赵征老师。

与赵老师第一次见面，是在战略管理课的课堂上。一进教室门，赵老师身着很有质感的户外休闲夹克，看上去比电视节目中要显得高大威猛些，用一口字正腔圆的京味普通话招呼后面的同学往前排坐，并说他习惯提问坐在后排的学生，这一招比较灵，后排的同学听言都争着坐往前排。而我开玩笑地说，我喜欢被提问，是否应该坐到后排去？他愣了一下，说我更喜欢提问坐在前排者。就这一问一答，赵老师对我有了较深印象。一是因为看上去我们年龄相仿；二是我在课堂的参与度较高。

于是在战略管理课堂上，赵老师喜欢第一个或是最后一个找我回答问题，可见他对我是有些偏爱或另眼相待的。因为第一个回答往往是展开话题，最后一个回答应该是总结归纳了。

战略管理课程是MBA的核心课程，除了理论和模型外，案例教学以及学员本身的职业经历也很重要。赵老师作为海外人才被引进科大前，曾经在一家高科技企业做过CEO，并且深谙服务外包及技术创新与转化。而我，在进入MBA学习前，也被组织培养进入了公司的高管行列。我很庆幸有赵老师教授战略管理，使得我在系统学习战略管理基本知识的同时，能结合自身的职业特点，学习领会到更多的战略管理理论和实践经验。

现在回想起来，赵老师教授的战略管理有三个特点：一是气氛活泼，二是注重实践案例，三是启发思考。

赵老师授课很少照本宣科，往往开篇他就会抛出一个时下比较热门的经济话题或社会现象，从中找出规律，揭示实质。在说到服务外包时，他以电商为例，指出物流就是外包；并延伸指出某一项服务，如果市场上有更专业的人在做，并且以更低成本在做时，就可以考虑外包。他引导同学们根据自己所处行业的特点，梳理出价值链中哪些环节可以外包，分析外包后的优劣势，是否有利于提升产品或服务的差异化或低成本，最终实现企业的竞争优势。最近他又提出共享经济从用户视角而言其实也是外包的说法。他的课堂气氛很活跃，同学们参与热情很高，赵老师鼓励大家讨论甚至争论，但他很少直接肯定或是否定同学们的意见，更多的是引导。

参观创新企业、邀请知名人士进课堂是赵老师战略管理课的又一特点。我们有幸参观了首家入驻合肥（蜀山）国际电子商务产业园的高科技服务外包企业宝葫芦集团，并与其创办人孙连峰先生对话。此外，还邀请到甲骨文苏皖公司的洪浩总经理分享他读郭士纳《谁说大象不能跳舞》的心得。赵老师注重初创企业和高科技企业的发展，并将它们作为实践案例引入课堂。用他的话说，这类企业“有活力、接地气”。

“学而不思则罔，思而不学则殆。”赵老师启发学生思考，鼓励学生创新性思维，并指出任何形式的战略，都是围绕企业的使命和目标去开展，不能离开市场和消费者，为了战略而制定战略。一项战略能否落地，是否成功，要看是否切合企业的实际，是否充分分析了外部环境中的机会和威胁，是否分析了企业内部的优势和劣势，最终衡量的标准是企业是否通过实现差异化或低成本，获得高于同行平均赢利水平的竞争优势，是否创造了客户价值并提升客户满意度。脱离了以上几点，任何战略都只能是纸上谈兵、空中楼阁。至今我还在思考他提出的一个问题：“国有企业如何培养出真正的企业家？”

我的毕业论文选题是《安粮集团贸易板块海外发展战略研究》，在各个阶段，赵老师都给了我精心的指导和建议，使得论文顺利通过评审和答辩，并由此结识了一批同样接受赵老师指导论文的校友同学，也就是“623大家庭”的兄弟姐妹们。他们中有入选徽商新势力、带领团队登上央视“创业英雄汇”的勇俊；有把“草根合肥”做得风生水起的安

子；有积极投身MBA教育及海外交流的春生……各行各业很多优秀的校友，他们和我一样，不仅在学业路上受到赵老师的精心指导，在工作和生活中也得到赵老师的提携和关心。在“623大家庭”的聚会上，赵老师会向大家推荐优秀书单，让校友们分享创业中的酸甜苦辣，鼓励校友们互相帮助扶携……

毕业已快五年了，不能像在学校时那样经常有机会当面接受赵老师的指点，但我们有幸在微信群和朋友圈里先睹为快赵老师的一些管理类文章；能在华灯初上时，从电波中听到他作为评论员点评合肥便利店的声音；也能在《开学第一课》中看到他依旧保持很好的形象；最近又得知他从宁夏支教回来后，在积极组建科大管院校友会的教育分会，并在准备新书《与女儿谈管理》第二季的出版（而他书中的宝贝女儿，也已是一位优秀的高中生了）!

这就是我眼中的赵老师，一位诲人不倦的老师，一位勤奋严谨的学者，一位学以致用的创业导师，一位热心公益的志愿者，一位修身齐家的倡导者，亦庄亦谐，亦师亦友。

顺便说一句，我的宝贝女儿，也知道爸爸的导师叫赵征，知道他家里有一位优秀的小姐姐。

祝晓峰，中国科学技术大学2012级MBA，现任诺亚控股集团有限公司投行七部总监。

致老北门

我从未曾真正离开你，因为，你早已经长在我心里。

——陈 健

亲爱的老北门

曾经在报端见到你

却从未想过走进你

走进你才发现

你是那么美丽

一鉴亭，孺子牛

一砖一石，都是如此诗情

紫藤，樱花

一草一木，总是充满画意

课堂上，恩师的教诲

不断浇筑起我成长的阶梯

图书馆里，不夜的灯光

照亮着我那些不眠的夜晚

篮球场上，晶莹的汗珠

也曾浸润着你的土地

青葱岁月里，年轻的梦想

渐渐爬上你那披满紫藤的肩头

终于，踟蹰中我戴着你给的光环

开始了人生新的征程

而你，依旧留着我的故事

谱写着更华丽的篇章

蓦然回首

依旧看到你那关怀的目光

而我，也从未曾真正离开你

因为，你早已经长在我心里

陈健，中国科学技术大学2012级工商管理科学硕士，现就职于国网安徽省电力有限公司。

做更好的自己——只为与你相知相守

把“想”变成“渴望”，你有多渴望，就会有多成功。

——李卉

午间，沐浴着初冬的暖阳，漫步在校园的林荫道上，看看擦肩而过的科大学子，轻抚从树上飘落下来的黄叶，我总会忍不住轻叹，这是梦吗？我真的已经成为这里的一分子了吗？我真的已经是一名科大人了吗？

我和科大的相遇相守似乎如梦一般的不真实，也许，这就是传说中的缘分吧！当妈的人都知道，孩子满三岁步入幼儿园之时，就是妈妈疲惫的身心得以放松的时候。而我，也是在女儿上幼儿园小班的时候，萌发重返校园的念头的。那一年，刚好我的职业生涯迎来了一次重要转折，从民航一线部门到机关办公室，从基层班组管理到全面的培训及质量管理，之前学习的知识、积累的经验已不能满足工作的需求。就这样，经过一段时间的挑灯夜读、奋力迎考（女儿入睡后才是我复习迎考的时间），2012年9月，我如愿步入“霸都”首屈一指的寰宇学府——中国科学技术大学，走进管理学院MBA中心的教室和报告厅，系统学习管理知识，以期开拓思路，充实自我，提升工作能力和管理水平。

如果说我对科大的这份爱、期待是一种情结的话，那么我的科大情结就是从那一年开始萌发的。在接下来的两年半里，在单位和家人的支持下，选择月度集中上课的我，每月有5天的时间基本是从早到晚泡在学校里的。课堂教学、课下演练、课后实践和在岗提升“四位一体”的培养模式，让已经离开学校8年的我收获满满，而管理学院MBA中心配备的教师团队，更是让我深深体会到科大老师的低调、质朴，博学多识的丁斌老师，朴实求真的叶五一老师，认真严谨的张瑞稳老师，风趣幽默的张圣亮老师，无不彰显着科大人的“清淡”“坚定”。教我们战略管理课的赵征老师，除了传授分享管理知识和案例之外，更以睿智帅气的个人魅力和独到的子女教育经验分享吸引了一大票学生，特别是已为人母的女同学们成为其铁杆粉丝。有幸请赵老师指导毕业论文，顺便从此关注他是怎样培养、教育女儿的，这绝对是我爱上科大、毕业后依然期待重回校园的重要因素。

2015年，中国科学技术大学管理学院凭借多年积淀的实力和口碑，获得了AACSB[①]认证，成为全球首家按照AACSB最新标准获得认证的单位；而对于在那里学习的我来说，这也是非常重要的一年。那一年，在赵老师的指导下，我完成了毕业论文《H机场地面服务外包战略研究》，并顺利通过了答辩，拿到了科大授发的毕业证和学位证，最重要的是，我渐渐将这两年半学习到的专业及管理知识应用到工作中去，在培训组织、风险管理、服务质量考核及提升等方面取得了一定的成绩，完成了人生这一阶段的小目标。这一年，刚好女儿“幼升小”，成为了一名小学生，我在工作之余的主要精力又转回了女儿身上，陪伴与引导孩子的一项重要举措，就是在周末常常带着她去科大东区的校园里走走逛逛，看看大哥哥大姐姐的学习和生活，并暗暗希望她能“沾染”上“红专并进，理事交融”的科大气息。

---

① AACSB：全称为the Association to Advance Collegiate Schools of Business，国际精英商学院协会。

虽然毕业了，我的科大情结好像愈发浓厚了，只要时间合适，我还会回到校园，听听讲座，启发思想。我希望自己与时俱进，希望自己变得更好，希望和科大的距离近一些，再近一些。古朴的教学楼，小资的咖啡吧，静谧的图书馆，热闹的大操场，还有那传播知识和思想的报告厅、包罗万象的学生活动告示栏，我爱极了科大的一切。有人说，把“想”变成“渴望”，你有多渴望，就有多成功。也许，我的科大情结也正是我重返校园的一种“渴望”吧！我做梦也没有想到，就在2017年初，这份“渴望”插上了梦的翅膀，带着如在梦境中一般的我，又飞回了校园。

2017年2月25日，我想我永远也不会忘记这一天——管理学院招聘工作人员，为筹建中的国际金融研究院搭建行政架构。已35周岁的我，和上百名看起来比我年轻、比我更富竞争力的年轻人一同参加笔试、中文面试、英文面试，直到现在，我依然坚信，一定是我面试时提到的我的“科大情结”感动了各位考官，一定是我对于“回到科大”的渴望感动了命运，最终录用的4名工作人员名单中，居然真的有我的名字。就这样，2017年春天，在征询了赵征老师的意见之后，在家人的理解和支持下，带着对培养我多年的原单位的愧疚和对关心我的领导同事们的不舍，我追随着自己的心，义无反顾地回到科大，回到管理学院。

那一天，走在东区的樱花大道上，享受着樱花纷飞的浪漫氛围，我骄傲地告诉和我一样热爱科大的女儿：妈妈来科大工作啦，妈妈的梦想成真啦！当然，我也告诉她，如果没有2012年到2015年的埋头苦读，如果没有毕业后的坚持学习、提升自我，梦想不会轻易实现——我想，这样的我，应该也是给女儿树立了一个良好的榜样吧！

现在的我，每天都可以徜徉在校园里，在工作之余，我会去参加各类论坛、讲座，会去蹭听毕功兵老师的组会，学习金融知识，会带着女儿观看各种学生社团的演出、活动，还会偷偷为女儿许下“长大考科大”的小小愿望感到无比欣慰。现在的我，见证了管理学院的飞速发展，2017年软科学学科排名全国第三，并在刚刚揭晓的2017年网易教育金翼奖评选中获得“品牌影响力商学院”这一商学院最高荣誉，亲眼目睹了领导和同事的努力和坚持，我愈发相信——天道酬勤。现在的我，有幸感受到海内外科大校友营造的“红专并进六十年，科教报国一甲子”校庆氛围，感受到原来有那么多人和我一样，深深爱着这所学校，我忍不住时时提醒自己——要做更好的自己，这样，才能配得上科大的好，才能配得上和她相知相守。

李卉，中国科学技术大学2012级MBA，现任中国科学技术大学国际金融研究院行政主管。

传承是一种责任

不管时间如何更替，生活在这个空间里面的人却不从改变，他们终要将所属时代的创业精神传承下去。

——汪应山

时常在和朋友或客户一起吃饭时，总有人问我：“你们安徽有什么特产或有代表性的‘名片’？”以前我的回答是黄山、九华山、西递、宏村、奇瑞轿车等，但现在如有人再问，我一定毫不犹豫地说是科大。看着他们怀疑和惊讶的眼神，我自然地调整坐姿后，娓娓道来：“因为在我整个生活和学习过程中，有三个方面因素对我影响较大，分别是明清时期的徽商、改革开放后我的父亲以及现在培养我的科大，他们有一个共同特点，就是不管时间如何更替，生活在这个空间里面的人却不从改变，他们终要将所属时代的创业精神传承下去。这里的创业精神，我理解的是追求梦想的探险家精神和脚踏实地的孺子牛精神。”

自宋朝开始，生活在徽州一带的老百姓，因地处贫困山区，种地无以生存，于是走上了以贩盐为主的经商生涯，后不断扩大，到明代中后期，徽商已发展为当时全国最大的商帮。再到1978年改革开放，安徽小岗村第一个提出家庭联产承包责任制，后不断演变出一批“傻子”瓜子这样的个体户，更是有效促进了1984年、1987年及1992年的三次典型集体下海潮。他们敢为人先、拼搏进取、勤俭节约，不仅在中国经济发展史上留下了浓墨重彩的一笔，更重要的是树立了第一代徽商的“创业精神”。

我的父亲也给我树立了一个好的榜样。在我脑海深处，有两个童年场景时而浮现，一个是，母亲给我们姐弟妹三人分配任务，姐姐负责洗衣烧饭，我负责喂猪劈柴，妹妹负责整理杂物；另一个是，每逢年关将近，各色人物纷至沓来催账。之所以出现这两个场景，主要原因是父亲“无情的创业”。由于“身份问题”，父亲读完六年小学后，便因为没有“小升初”指标，像绝大多数小伙伴一样加入人民公社。在参加集体建设农田水利基础设施期间，父亲凭借“小聪明”，每天可以挣到青壮年级别的10个工分。1978年，父亲终于鼓足勇气，怀揣3元大钞和1个印有毛主席头像的淡黄色帆布书包，毅然决然地选择了祖辈曾经走过的路——北上创业，先后从事过开挖防空洞、承包公路建设、销售鞭炮和皮带运输机、倒卖木材和化肥等生意，支撑了当时12个人的大家庭日常生计、弟弟妹妹上学教育、2座老宅新建等。1985年，家里拥有了全村唯一一台黑白电视机，每到夜晚，全村老少结束一天辛苦劳作，三五成群地围堵在我家客厅中，伸长着脖子静默地观看《西游记》。

20世纪90年代末，父亲押上家中所有积蓄及一笔不菲外债，在亲戚的帮助下，批到了几节火车皮钢材的“条子”，正当全家沉浸在美好未来憧憬中，国家取消价格双轨制，开始宏观调控，父亲不出意外地成为了被惩处的“倒爷”之一。父亲把一生芳华揉进了中国改革开放浪潮中，时而触碰浪尖，时而跌落海底，但不管怎样，他都义无反顾，65岁的他，依然和叔叔们奋战在家族企业的第一线。

科大则给予了我迈出创业这一步的勇气和信心。中国科学技术大学，1958年9月创建于北京，1970年初南迁至合肥，开始了第二次创业。60年间，她成为入选“中国十大科技进展新闻”和“中国科学十大进展”成果数最多的高校，从攻克“两弹一星”、组建同步辐射加速器，到发射暗物质卫星、量子科学实验卫星，再到筹建微尺度物质科学国家研究中心，共建合肥综合性国家科学中心，兑现了“迎接着永恒的东风，把红旗高举起来，插上科学的高峰”的诺言。但更难能可贵的是她初心不改，始终把培养学生作为最主要的责任，“1860”，这是科大近十几年来几乎没有变动过的本科招生人数，被戏称为“恒数”，就是为了保证每个学生都能接受到充足的优质资源，继承科大精神。这种精神如同校园中朴质的路名一样，“勤奋路”“红专路”“理化路”，别有一番韵味……

2012年前，我与科大的交集，主要是周末带女儿去科大南区操场嬉戏，操场东南角的秋千是她的最爱。2012年正式成为科大一员，除学习课本知识外，科大老师们与我们分享了大量公司经营过程中的实际案例，对我启发良多。在此期间，我有幸参与了两个科大组织，一个是中国科大安徽创业校友沙龙，由在校学生和老师、创业者、上班族构成，学生可以到企业中实习，创业者可以回学校再深造，践行着理实交融的治学理念，为创业校友们提供了一个交流平台；另一个是关注“科二代养正教育”的科大管理学院校友会教育分会，其宗旨是为科大校友提供终身学习和子女成长的教育咨询服务。在这段短暂的学习时间里，他们的严谨学风和朴实作风一次次触动我的内心，他们不断挑战权威和自我，勇攀一座座高峰。正如包信和校长所说的“创新是科大的基因”，就是在这样的环境熏陶下，我逐渐坚定了自己的信念。

2017年9月，我正式告别了给予我人生第一笔财富的央企老东家，踏上了生命周期的第二段旅程。路漫漫兮，吾将上下而求索。

每个时代都是那个时候所有人的共同抉择，每个时代之所以有精神，是因为那个时代的一群人。生活在当代，生活在“大众创业、万众创新”的新时代，当肩负起传承这份责任，徽商如此，科大如此，父亲如此，我如此，相信“科二代”亦会如此。

汪应山，中国科学技术大学2012级MPM，现任合肥中科国禹智能工程有限公司副总经理。

科大：清淡是一种力量

大道至简，科大教会我们，必须向那最朴素的方法论回归。

——夏军

最近，“油腻中年男”的话题在网络上被推到了风口浪尖。一时间被“中年男”的帽子扣得诚惶诚恐，不由得悄悄照了照镜子，还好，不算油腻，只是有点沧桑。

思量了一下从小到大的同窗好友，客观而言，属于“中年油腻”的的确不少，但理工科背景的似乎普遍好些，我想是因为接触技术或贴近实业，他们更能脚踏实地，不慕虚华，在漫长的去伪存真中从意气少年蜕变成为沉稳的中年人，在低调务实中乐得其所、波澜不惊。因而他们的面貌，他们的身材，他们的语言和动作，都更加耐看一些，或者说，更加清淡可爱一些。

科大的同学们普遍属于这类，我想这正与科大长期以来清淡务实的品格有关。

回想当初，在职攻读MBA也确有不少选择。而走进科大，除了一个地道安徽人的家乡情结，正出于对这“清淡”的口味偏好。科大的低调务实，建校一甲子始终如一。在地理位置上，二次“创业”的她未再重跻一线都市，未想过靠区位优势的水涨船高来提高自己的身价，而是坚守着“育人为本、学术为根、报国为魂”的精神内涵砥砺前行。在学科设置上，她始终坚持以前沿科学和高新技术为主，用14个国家级科研机构和50个院省部级重点科研机构以及卓著的科研成果，彰显低调但奢华的实力。在MBA课程上，人脉、名头、资源等为各类人群各取所需、各有所求的方面，科大可能的确不及一些国内外顶尖院校响彻云霄、夺人眼球，但彼时我只想静下心来，踏踏实实做点学问。于是，科大便成了我最佳的选择，也成就了我在自我实现上的期许。换句话说，在科大的时候，尽管我已步入“中年男”的行列，尽管和许多二度回校深造的“中年男女”同窗共读，但却从未感到“油腻”。

清淡，于学业而言，并不是“两耳不闻窗外事，一心只读圣贤书”，而是在喧嚣中不慕红尘，不忘初心，在浮躁中安心钻研，步履深深。科大MBA没有在苦心经营人脉的过程中追名逐利、放弃学习的本质，也没有在对管理标新立异的解读中浅尝辄止、高谈阔论，再回想，那全心全意做学问的充实与满足，恐怕再难以复刻。尤其对论文的撰写印象深刻——在老图书馆里，翻阅浩如烟海的资料文献，查找验证理论细节；回到工作岗位，请教熟悉具体业务的同事，在实践中反复论证；在老师办公室、在晚间的电话中，探讨论争、找寻突破……至论文付梓，唯感掷地有声。毕业后笔耕不辍，阅稿无数，千帆过尽，却很难再体会到当年写论文的极尽专注与身体力行。工作的忙碌与纷扰常常让我回忆起那段心无旁骛的日子，那段认真与专注，值得我细细体味和永远追寻。它仿佛把那段奋进的时光延长，把那些简单的细节放大，如切如磋，如琢如磨。

清淡，于事业而言，并不是清心寡欲、缺乏激情，而是回归常识，理性务实，在专业和奋进中彰显实力和影响力。记得我的一位领导说过，这个世界太花哨，如果你不是神仙，要雾里看到真花，你就用常识，做事的方法也从常识出发。攻读MBA，对很多人来说，是“中年”们的“再出发”，于学业、于事业、于人生都是一个全新的起点。科大教会我们，在事业的发展中，人品和学问须同步卓越，认知和经验须相得益彰，我想这也是校训“红专并进，理实交融”最质朴的解读——身心合一，全情投入，品行与技能共优，理论与实践结合，用专注与专业成就自我价值的实现。靠着经济高速发展的黄金期坐享红利的时代已渐行渐远，靠人脉与资源口若悬河地助推概念的巨擘也会须臾而成明日黄花，未来事业的成功靠的一定是智慧与实干。未来已来，未来也有未来的常识和基于常识的方法。大道至简，科大教会我们，必须向那最朴素的方法论回归。

清淡，于管理而言，不是无所作为、脱离团队，而是不怒而威、条理自见。科大毕业后一直从事管理工作，常常感到所学之受用。科大教会我，管理既是一种科学，又是一门艺术，有着皓首不能穷的理论与实务，也有在长期实践的积淀中汇聚的智慧。管理也需要抵抗油腻——抛却那些未经实践却信誓旦旦的“成功学”与心灵鸡汤，拒绝那些不脚踏实地却自以为是的指手画脚；管理中的个人魅力一定是清淡平和春风化雨的，立足实践，又慧眼独具、虑善以动，才能指点江山。

我想，清淡或油腻，都是人生中自我选择的不断积累造成的。每个人都必须为自己的选择负责，也在为自己的面容负责。对照了

一下冯唐在网上说的“避免油腻十条”，发现自己基本一直恪守，而这大部分好习惯，都在科大求学期间被固化了下来。犹记我们于课堂之上，纵论山河；酒肆之间，弹剑而歌；沫若广场，深情留影；孺子牛前，念往思来……青春的面容与追求令我热血沸腾，教我鉴往知来。

科大从未教我们经营华丽排场、人情世故、关系生态，这些“油腻”的表征是许多人为适应周围的环境给自己涂下的油彩，可供圆滑度日，却无法令人格高调远。在清淡务实中实现专业的厚重与生命的丰盈才是最朴素、最持久、最撼动人心的力量，它能够化解焦虑，燃起斗志；它体现着岁月洗尽铅华后依然雍容的自信；它让我在离开科大的日子里，顺和静美也好，金戈铁马也罢，都能像求学的岁月一样，抓铁留痕，奋进从容。

夏军，中国科学技术大学2012级MBA，现任中国银联办公室兼党委办公室、董监事会办公室副主任。

在生活中学习 在学习中生活

生活本身也是一种学习，不断学习更可以是一种生活。

——邢 露

对于大部分人来说，科大是一个不太容易考上的学校。比如我在2000年考研的时候，尽管抱着一腔热血，希望在生物学领域好好干点成绩出来，却未曾想在专业课上差了二三十分，连科大的复试门槛都未能达到。

也许是这次失败在内心深处折磨着我，也许是与科大学缘未了，2011年回到合肥，怀着给自己找个事情做的想法，报考了科大的MBA，未曾想，竟然以录取分数线一分不多一分不少的成绩入了学。

和很多人在学校重温昔日学习环境、留下许多美好回忆略有不同，我对MBA读书的几年时光，似乎并无太多记忆，只记得要在工作生活之外抽出时间应对学习，有时甚至要把女儿带到教室一起上课，还要麻烦班上女同学帮忙照顾。反倒是毕业之后，和时常联系的同学走动、跟经常拜访的老师咨询请教，在生活上有了更多的感触和交集。

前几天，在论文导师赵征老师的学生微信群里，同学们纷纷在以写文章的方式抒发对母校六十周年的心情，赵老师也问我要不要写点什么。我想了想，除了论文指导之外，我们交流最多的应该就是孩子教育问题了，谈谈这个吧。于是奋笔疾书了一个上午，结果赵老师一看我的文章内容，就定义我是想“找事”。文章内容主要反思的问题是现如今的社会中，男人都忙活工作，很少有时间照顾家庭，更少有精力关心孩子的教育，于是逐渐被女性占据了孩子教育的制高点。

赵老师倒也没有否定我的文章，只是问我为什么会有这么大的吐槽动力。我也坦白告知他原因，在家里关于孩子的教育问题我说了不算，我也想像他那样“跟女儿谈谈管理”，但是轮不到我，我很生气。举个例子，我不希望女儿去竞选学生干部，希望孩子身上不要有干部气息，也不希望她把拥有领导力当作一件了不起的事情，但老婆认为一切应该随缘，甚至鼓励她去竞选，为此大吵一架。我愤愤不平问自己母亲，为何我明明见过更多官场上的是非，却在这个事情上做不了主？母亲说是我平时天天忙工作，对孩子关心少，做不了主也怪不得别人，把我说的更是哑口无言。

对于这个问题，赵老师定义了我的动机，我不是要跟女儿谈管理，而是要谈女儿的管理权问题。接着问我：那你是希望由此引起大家的共鸣和注意？还是想解决问题？再或者就只是想吐槽一下呢？

冷静下来，我说那还是想解决问题的，毕竟其他两个目的并不太影响我的生活质量。

赵老师给我的第一个建议就是，不要上来就摆出一副对立的架势，非要分出谁强谁弱，这是在激化矛盾，不是在解决问题。第二个建议，则是要对老婆在孩子教育上的付出给予足够的认同，在认同的基础上再去沟通。第三个建议，就是使用我们共同的目标——教育好孩子，去判断其中种种行为的利弊，从而形成一个可以沟通的方案。

经过这么一番沟通和我之后的努力，女儿还是去参加了学校大队委的竞选，好像赵老师的“灵丹妙药”并没有起到多大作用。但在这过程中，经过沟通，老婆终于明白了我其实不是不关心孩子，只是我关心的出发点不太一样。

我想，这才是赵老师真正想教给我的东西吧。这也正是我多年来对于科大管理专业学风的感受，就是一个以理科见长的学校，所推崇形成的管理学风格，是用理性排开了种种繁杂情绪，直抵事物本质的。

和赵老师之间诸如这样的例子还有很多，似乎都是生活的柴米油盐，且不说科大的大雅之堂，对于管理学来说，都显得浅薄了，但我却在这浅薄的过程中，不断地学习、生活。

相对比那些能够在科技领域不断创新、拿出耀眼成果的同学来说，往日里我多少是会有点怀疑自己的人生价值的，但通过在科大的学习过程，认同他们的同时，却不再怀疑自己。因为我明白了生活本身也是一种学习，不断学习更可以是一种生活。

邢露，中国科学技术大学2012级MBA，合肥辰文网络科技有限公司（迷之谜珠宝）创始人。

助力蜕变高飞——缘起科大求学的转型发展

“归零再出发”需要很大的勇气，因为对成功的渴望一直都在。

——赵逸博

2003年大学毕业，因工作需要常驻在合肥，偶然一次机会溜进科大南区旁听了一堂课，自此萌生了科大求学的想法，像一颗深埋在地下的种子。

2011年夏天，在一个已经记不起具体日期的日子，和朋友闲聊中得知他已报考某所名校的MBA，瞬间，那颗深埋地下的种子发芽了。我迅速联系科大招生老师补报名、买教材、现场报名确认，这些办完之后，留下的复习备考时间已不足两个月。渴望是催人发奋的源动力，经过一个多月的全心投入备考，最终幸运降临，收到了科大的录取通知书。

阔别大学近十年，再次回到大学校园，兴奋感丝毫不亚于高考的金榜题名。因为是月度集中班，所以大家格外珍惜每月一次的求学机会，课前抢前排学霸座位、课堂上积极发言提问、课后同学间热烈探讨交流、食堂排队就餐、考前紧张备考，还有班级丰富多彩的活动，一切都像回到了曾经匆匆而过的大学时代。

有幸与科大结缘，更有幸的是能在赵征老师的指导下完成毕业论文。每个在职攻读MBA学员的目的和目标可能都不一样，赵征老师在课堂上组织同学们讨论，有事业发展上遇到瓶颈想要突破，有工作中碰到问题希望找到解决办法，还有希望学习知识和积累人脉资源，而我则是为了开阔视野、学习知识、掌握工具。用赵老师常讲的“复盘理论”来看，两年半的学习，我完成了前两个目标，而掌握工具则需要在实践中进一步修炼。

临近毕业，既要忙着准备毕业论文，同时还在思考自己未来的选择与发展——继续在看起来还不错的汽车行业工作，还是转型发展向新的领域探索，我犹豫不定。在一次讨论毕业论文修改的过程中，我向赵老师请教。“从你上课的发言、移动课堂的提问、现在还年轻这三个方面来看，我觉得你可以尝试一下转型发展。”赵老师的一席话坚定了我的想法。

2015年，在我36岁本命年的这一年，顺利完成毕业论文答辩，领到了科大的毕业证书。伴随着“双创”热潮，我选择了归零再出发，放弃已经工作了12年的汽车行业，在去海外工作、汽车“互联网+”、金融行业三个机会中，最终确定了向金融行业转型发展。

转型发展，需要勇敢面对从舒适区到不舒适区，从带领数百人团队工作到精英小分队作战，知识结构要重构，工作技能要重新修炼，工作模式还要从“农耕”转变为“狩猎”。兴奋、紧张、焦虑、恐惧、挣扎、希望，轮番袭来，在求生本能的驱使下，我不放过任何一次让自己变得更强的机会，学习、磨炼、成长，一路走来，在金融行业的丛林世界里没有被“豺狼虎豹”吃掉，幸运地存活下来。从汽车行业的经营管理转型到金融行业的资产管理，专注在汽车金融、消费金融、供应链金融方向探索未知。

“鹰是世界上寿命最长的鸟类，它一生的年龄可达70岁。要活那么长的寿命，它在40岁时必须做出困难却重要的决定。这时，它的喙变得又长又弯，几乎碰到胸脯；它的爪子开始老化，无法有效地捕捉猎物；它的羽毛长得又浓又厚，翅膀变得十分沉重，使得飞翔十分吃力。此时的鹰只有两种选择：要么等死，要么经过一个十分痛苦的更新过程——150天漫长的蜕变。它必须很努力地飞到山顶，在悬崖上筑巢，并停留在那里，不得飞翔。鹰首先用它的喙击打岩石，直到其完全脱落，然后静静地等待新的喙长出来。鹰会用新长出的喙把爪子上老化的趾甲一根一根拔掉，鲜血一滴滴洒落。当新的趾甲长出来后，鹰便用新的趾甲把身上的羽毛一根一根拔掉。5个月以后，新的羽毛长出来了，鹰重新开始飞翔，重新再度过30年的岁月！”

经历一次“归零再出发”，我对“鹰的重生”理解更深刻。下一站在哪里，我还不知道，也许是又一次的归零再出发。

赵逸博，中国科学技术大学2012级MBA，现任诺亚控股集团有限公司投行七部总监。

不为繁华易素心

困难的本质不在于困难本身，而在于面对困难的心理——无限地放大困难的心理才是前进的最大障碍。

——康　云

在重温这几年写的小文后，终于鼓足勇气开始履行对“623大家庭”的承诺——“创作”一篇我与科大的故事。回想当日不知天高地厚、自告奋勇领下这“任务”，多半是为学长学姐们的美文妙思所动。

时至今日，每有同事向我咨询如何报考MBA时，总会问起我读科大MBA的初衷，我都会说只是一时兴起，不为升职加薪、不为创业交友，他们大都表示不可理解。

几年前偶然一次来科大办事，漫步校园，觉得一切既陌生而又熟悉，我想回学校读书的念头一闪而过。2013年的“九一八”警报声激起了我作为一名中国人的使命感，冥冥中觉得一副重担压在身上，深感个人之力之绵薄，学识之浅薄，突然在心中就坚定了去科大读MBA的决心。翻开那天的随笔，“9月18日，今天是个特殊的日子，长啸的警报声敲打着我的心，中国当自强，支持中国民族工业！我要读MBA！”再见这行字，九一八的警报声似乎仍在耳边回荡，虽没有周恩来总理“为中华之崛起而读书”的宏伟志向，但在浮华喧嚣的日子里为灵魂找到一个安放的地方而兴奋不已。

在备考期间，家人、好友都跟我说都是孩子的妈了就别自讨苦吃了，自己也曾因忙于带娃、出差而起了放弃的念头，但每每想放弃时，就翻翻那天的随笔以及后来做的攻克MBA考试的计划，心里又鼓起劲，继续前行。现在想来，读MBA的收获感从备考时就已经存在。在紧张充实的备考日子里，我收获了规律的生活，养成了午休看书的习惯，也在这个过程中，让我看清楚困难的本质不在于困难本身，而在于面对困难的心理——无限地放大困难的心理才是前进的最大障碍，这样的认知也成为我现在克服困难的法宝。

“Hola, Buenas tardes! Soy Kangyun[①]，大家下午好，我是康云……”随着这个自我介绍，我的身份自此又增加了一个学生的标签。岁月如梭，时光荏苒，从本科所读大学毕业近十年后，再次坐在校园的教室里，想起大学四年的光阴，有青春，有梦想，有奋斗，有一起哭一起笑的伙伴，而再次拥有这些，既激动又感慨，也感谢当初做决定的自己。当年在随笔写下读MBA的决心，分析读MBA的缘由，以及分解读MBA的障碍时，我的目标还停留在知识和能力的提升；而入学后，无论是管理学院领导和老师们的谆谆教诲，还是学长学姐们的畅意分享，原先朦胧的目标越发明亮，原先模糊的职业发展方向亦越加清晰。

如果说考上MBA只是对自己的一个检验，而如何去读完MBA才是一个修炼的过程，让自己破茧而出，成就职业生涯中最美的自己，是需要勇气和毅力的。开学典礼后再次走在科大的樱花大道，第一次来到向往已久、宽敞明亮的图书馆，看见人性化设计的书架和座椅，一排排新版新书，一套套国学经典藏书、管理大师新作，心里暗叹，在这个物欲横流、躁动不安的当下，寻一方净土来安放浮躁的心灵，并让这颗心灵在这里日益强大，闹中取静的科大无疑是最好去处。

然而高强度的上课把刚考上MBA的喜悦抹杀得一干二净。为了节省

① 为西班牙语，意为：嗨，大家下午好，我是康云。

周末的时间，选择了月度集中班，攒着所有的带薪假、调休假都用来上课了。第一次四天两夜的课让我的脖子疼得不能左右转；为了赶上10月份的课，9月份上课的时候就拎着行李，出差回来后没有倒时差就直接上课。一年几次短短的相聚，课堂上的知识有精彩有平淡，但是再次结缘的同学之情弥足珍贵，来自五湖四海、各个行业的同学们给我们带来不同的视角和人生经历。有人说这是人脉，是商圈，我更想说这是我们宝贵的友情，是与我们渐行渐远的同窗之谊。犹记得2015年参加全国管理案例分析精英赛，起初组队时大家都冲着学分而来，但在后来的小组讨论中，大家越辩越明，越干越有劲，最后三天的呈报准备中，吃喝在会议室，凌晨两三点踏进家门时都能收到彼此关心问安的信息。恐怕早有人忘记我们在校园挑战赛中获得二等奖的事，但一起奋战的经历让小组每个人回想起来都倍感温暖。虽然不是所有的科大MBA学员毕业后都会一起创业成为盟友，但是在这里的三年让我们收获的不仅有一起读书学习的学友，更有一起游山玩水的驴友，还有一起喝酒掼蛋的酒友。

清华大学老校长梅贻琦先生曾说："大学者，非谓有大楼之谓也，有大师之谓也。"这句话来形容科大最好不过了。这里没有什么特色教学楼，没有什么独特的风景，但这里隐居着能"上天入地"的大师们。作为文科生，虽然没能有幸偶遇这些研究量子、研究天体物理的大师们，但是管理学院里的老师们真真是各怀绝技。尤其是那位“古董”级的史老师，犹如理想国里的自由舞者，他那些陈旧的备课本似乎贮藏着巨大的宝藏，从古巴比伦到出埃及记，从尼罗河说到西藏的庙宇，还记得他说起看《四库全书》古籍真书时的激动神情，让我觉得在嘈杂的社会里自保一片清净之地是多么幸福的一件事。摒弃繁华，回归淳朴，重视生命的本源，徜徉在深奥的哲学里，精彩的历史里，自有一番乐趣在其中，可惜的是我粗读了《中国哲学史》后，再翻《中国通史》还是静不下心来，想练就史老师的博学，真得需要一颗淡定的心。

如果说两年半的上课时间如流水般逝去，那么准备毕业论文的半年则是在煎熬中度过。从选赵老师做导师的忐忑开始到二次申请答辩成功，做论文的半年收获不亚于上课所得。论文小组成为在科大最后因学习而结盟的组织，而这次跨地域、跨年级的组合在“623大家庭”家长的带领下至今互动频繁，友爱不减。

写下以上文字时，突然发现自己已经严重偏题，没有帅帅的学长们的波澜壮阔的创业路，也没有美美的学姐们的诗情画意、字字珠玑，好在自己从来都是一个脸皮厚的、好为人师的人，在这分享一点自己读MBA的感悟，给后来者一点启示。最后用一首《西湖梅》与那些和我一样不出色但不忘初心、砥砺前行的平凡人共勉。

苏老堤边玉一林，

六桥风月是知音。

任他桃李争欢赏，

不为繁华易素心。

康云，中国科学技术大学2014级MBA，现任安徽江淮汽车集团股份公司国际公司轻型商用车部南美大区片区总监。

科大学习，让中年不再“油腻”

在科大学习是我人生难得的重要经历，它拓展了我的生命宽度，提升我的视野高度。

——王奇勇

步入中年，“油腻”之态逐步萌生，不仅表现为身体上的“中部崛起”之势，更表现为故步自封、好为人师、懒散虚荣、自满自足的精神状态，“油腻”大叔已跃然呈现。2013年的某天，有朋自省城而来，告之科大将开招MPM（项目管理）硕士，突然间心里迸发出到科大求学的强烈愿望，随即我挤出了一切可利用的业余时间，全身心地投入到备考中去。科大，我儿时的憧憬与向往，高考时的落寞与无奈，在2014年的9月都被统统抛却。我完成了心中的夙愿，成为科大的一员。

俗话说，没有对比就没有伤害。进入科大后，方知自身之渺小，知识之匮乏，见识之浅薄，每每与儒雅渊博的教授们和优秀上进的同学们沟通交流，身心备受“虐待”，小小的自信心倍受打击。幸遇名师赵征，开授战略管理课程，不仅启迪了企业战略发展之思维，更释疑解惑，为我的人生定位指明方向。期间，我幡然醒悟，知耻后勇，就人生定位进行了抽丝剥茧的四问剖析，有了自己的心得与体会。

感谢科大，感谢老师，让我在步入中年，滑向“油腻”之际，帮我成长，助我增智。在科大学习是我人生难得的重要经历，它可能改变不了我的人生长度，但已拓展了我的生命宽度，提升我的视野高度。

在科大六十周年校庆之际，请接受我一名普通学子的最深情祝福，祝愿您，我的母校——中国科学技术大学，勇立潮头，再创辉煌！

王奇勇，中国科学技术大学2014级MPM，现任黄山市文化产业投资集团党委副书记、总裁。

当梦想照进现实

因为在中国科大的求学，而改变了我的生活轨迹、工作轨迹。

——王雅薇

小时候，科大是家门口隔条马路的未知领地，我在墙外面，他是陌生的庭院。

中学时，科大是同学们口中的求学圣地，我默默地听着，不甚了解。

大学毕业时，直接选择了工作，本着一份对家乡高等学府的好奇，我暗暗下了决心，以后要考取中国科大的MBA。

再后来，我如约来到科大的怀抱。

2014年，我进入科大的南校区，开始了我的MBA课程。在工作三年以后，这里又把我拉回到了美好的校园时光，但又不是仅仅停留在单纯的理论学习上。我开始了解到很多未知领域的状况，开始尝试站在台上发表自己的见解，开始在学校杂志中发表生活随感，慢慢地，好像我的生活打开了一扇新的窗户……

因为南区装修的关系，我在东区校园又度过了短暂的一段时光，给我的求学旅途带来了一抹意外惊喜。我喜欢在东区活动广场喝着食堂美味的豆浆，偶尔迷恋图书馆偷来的浮生半日闲；我选修了综合绘画创作，拾起了心爱的画笔，也曾去旁听心理学课程，补充我好奇的心理学知识；还有图书馆电梯前的教学视频，静静地放着让我目瞪口呆的数理题解析。用我文科生的特质，去感受着科大的与众不同。

2016年年末，机缘巧合，我又在校友群中看到一则招聘信息，和自己的工作经验出乎意料的匹配。通过校友内推，我通过了层层面试，获得了这个工作机会。思虑再三，27岁的我，离开了生我养我的合肥，来到了北京工作。很多人曾经为迁址后科大的地理位置而鸣不平，我却觉得，他虽然安之若素，却从未脱离与世界、与全国的联系，不然我如何实现了这样一份职业生涯的转变呢？而恰恰是她的这份低调处事，让她保留了一份严谨，多了一份处之泰然。

来到北京后，因为本科不在这里读书，与科大校友的交流，成了我工作以外最主要的学习阵地。在校友组织的线下活动中，我感受过科大教授们激情澎湃的讲座，也通过专业人士学习了比特币的前世今生，听过行业大咖介绍人工智能、围棋与德州扑克千丝万缕的联系，也了解到已在北京安家的师兄，把刚高考结束的孩子重新送回科大求学的点点滴滴……

也许每个人生命当中的旅程，都可以被人为地切割成一个个阶段。

本科毕业后，我的人生似乎被分成了两个阶段，遇见科大前，和遇见科大后。以前的自己，从来不敢想象有一天，因为在中国科大的求学，而改变了生活轨迹、工作轨迹。而遇见科大后现在的我，正感受着科大给予我的真知灼见与欢声笑语。

感谢科大，感恩科大。

因为这里，让我的梦想照进了现实。

王雅薇，中国科学技术大学2014级MBA，现就职于太平洋证券股份有限公司网络金融部。

不忘初心　相信美好

因为认同科大，所以他们认同了我，而我，更希望有一天能够让别人通过认同我，来肯定科大的教育。

——徐 畅

“你长大了想做什么？”

“我想做一名科学家！”

小时候，大家的理想还都很单纯，在路上随便问一个小孩，十有八九长大了都要做个科学家。而坐落在安徽省会合肥的中国科学技术大学，就成了安徽学子心中高不可攀的神圣殿堂，是只能仰望而难以企及的星。梦想，渐渐地被埋在了心底。

工作以后，求知欲更甚读书时候，听闻当时的一位同事考上了科大的研究生，十分羡慕，便暗暗下定决心，我也要上科大！

说来惭愧，决心考上科大的动机不仅仅是想要学知识，还有希望能拥有更高的学历证明，来帮助自己在职场中走得更远。如今想来，虽有些鄙夷当时的想法，但也很庆幸自己做出了这个决定。实践出真知，如果不是有幸来到科大，可能人生路上会有更多的迷茫与彷徨。

初识赵征老师是在他的战略管理课堂上。还记得在他的第一堂课上，他就对大家说：“在工作之后还能来这里安心上学的，心中一定是有一个科大梦。”赵老师亲切的话语直击我的内心。确实，小学时的我没有上清华还是上北大的矛盾，心心念念的是科大。然而随着时间的流逝，理想逐渐模糊，最终并没有考上心中的好大学。工作以后，成熟而不甘平淡，下定决心迈出了这一步。赵老师的这句话让我第一次对他有了深刻的印象，他的话虽不多，却说到了我的心坎里。

第二次深刻的印象是在移动课堂上，我们班级去了力高科技公司，在参观完企业开座谈会时，力高的董事长为大家描绘了一个关于未来的非常美好的蓝图，并且表示这是他们为之奋斗的目标。我只记得当时的我有些震惊，不自觉地举手质疑了这一理想，这时赵老师又开口了。他有些严肃地对我说：“你不相信，可能是因为你没有见过什么是好的。”当时我倍感羞愧，这句话也在我耳边回响了好几天。小时候的理想又重新浮现在脑海里，我们都会说“不忘初心”，但是“初心”到底是什么，我们真的记得吗？每个人都在课本中学过大同世界、正义真理，却在生活的拉扯中败下阵来，久了，便索性麻痹自己，心安理得地沉沦平庸、日渐麻木，不敢再相信美好，因为似乎“成年人”的世界里便只讲利益，不论对错。而这一天，就好像是生命里的缝隙，终于有一道光照了进来。

罗曼·罗兰说过：“世界上只有一种真正的英雄主义，那就是在认清生活的真相后依然热爱生活。”理想与现实的差距很大，曾经的我是个逃兵，而现在的我努力想要变得强大，在力所能及之处，有一分光，发一分热。“纸上得来终觉浅，绝知此事要躬行。”理工科出身的我不善言辞，却决定在工作之余拿起笔，坚持将所思所想写下来，用“笔杆子”武装自己，不断发声。

时间不等人，一晃眼，就到了写毕业论文的时候。我早早地就决定好要找赵老师当导师，却担心达不到导师的要求而迟疑了近两个月都未敢开口。好在最后，我鼓起勇气，也顺利地成为了赵老师的学生。论文改了多少稿已经记不清，但那段时间每天晚上关掉手机，安静坐在书桌前码字，那种明明十分抓狂却必须要耐着性子一点一点地修改的滋味让我难以忘怀。我想，写论文给我最大的触动就是，青年人要放平浮躁的心态，学会积跬步而至千里，抛却不切实际的天马行空，脚踏实地地做好手上的每一件事。

如今，拿到毕业证书已经快一年了，在不断向内求进步、向外求突破的人生旅途中，我认识了各行各业的优秀人才。在他们身上我看到了一个共性——每个人都异常努力，每个人都心胸开阔，每个人都相信美好，他们几乎不提困苦，只当这是荣耀的伤疤。当这些优秀人才听说我在科大求过学，几乎都会投来赞赏的眼光。因为认同科大，所以他们认同了我，而我，更希望有一天能够让别人通过认同我，来肯定科大的教育。

“天若有情天亦老，人间正道是沧桑。”

正因为相信美好，才在前进的道路上有源源不断的动力，才能在跌倒后迅速爬起。

正因为相信美好，才能和身边的人拧成一股绳，在各自不同的岗位上凝聚共识，戮力前行。

正因为相信美好，才相信长风破浪，会有时。

徐畅，中国科学技术大学2014级MBA，现就职于安徽中烟芜湖卷烟厂。

我在中国的博士求学经历

I am very lucky to study in top rank university that afforded me the opportunity to visit such a beautiful & ever changing country as China.

我很幸运能够在顶级的大学念书，让我有机会遇见这样一个美丽而又不断变化的中国。

——*Muhammad Rizwan Kamran*

How often do you feel fortunate? Fortunate not because you won a lottery or bought a house but because you do what is meaningful and what makes a difference to the lives of others? I have not felt that for some time...But I do feel lucky when I meet people who remind me of this...about the importance of vision and values that drive you on your way to the stars. I believe in fortunate and that's the reason I am here in China for my future growth...

你是否会时常被幸运眷顾？幸运不是因为你赢了彩票或者买了大房子，幸运是因为你做自己认为有意义的事情且为他人的生活带来了改变。曾经的我并没有真切感受，直到我碰到那些告诉我在通往成功的道路上远见和价值的重要性的人，我由衷地感到幸运。我来到中国寻求未来发展之路正是因为我相信这里会给我带来幸运。

I'm Rizwan a PhD student of Management, after two and a half years at work on my PhD, I am happy to share my experience and revelations with you people. I feel uneasy writing an essay on my occurrences. I may be crazy; or perhaps lucky. But I loved virtually with beautiful things happened in my life.

我叫Rizwan，是管理学院的一名在读博士研究生，这是我念博士的第三个年头，我很开心有这么一次机会能够跟大家分享我的经验和启示。但是写一篇关于自己经历的文章对我来说并不容易。我是疯狂的，又或者说是幸运的。但是我发自内心地热爱这些在我生命中留下的美丽痕迹。

My first visit in China gives me great exposure and experience to discover many beautiful things. My journey started in August, 2015 as PhD student of top rank university in China. Two years back, I entered in city Hefei as a student of University of Science and Technology of China on CSC scholarship under the supervision of the great and charming personality of university not other than, the one and only "Mr. Zhao Zheng". It is great and immense pleasure for me that I had selected on Chinese scholarship in well growing and well known university in China and also in world.

我对中国的第一印象，就是各种各样的美妙的人和事。我的中国求学生涯开始于2015年8月，那一刻起，我成为了这所中国顶级名校的博士生。我获得了中国留学基金委的资助，来到了坐落于合肥的中国科学技术大学，更幸运的是，我遇见了唯一的"赵征老师"，这位有着人格魅力的人生导师。我非常高兴自己能够在这所世界顶级名校并在赵老师的指导下进行学习。

Influence of Chinese culture on me

中国文化对我的影响

I am not very much familiar with Chinese culture yet but I got opportunity to know maximum about the China through Chinese Panorama course. Through this course I learnt a lot of thing about Chinese culture like, religion, food, events and other norms and values. China offered me some terrific opportunities; visit the Great Wall, Temple of Heaven and Summer Palace located in Beijing in my first tour.

我对中国文化还不是很了解，但是我很幸运有机会通过中文全景课程了解中国的最新情况。通过这门课，我学到了很多有关中国文化的知识，如宗教、饮食、节日等社会规范和价值观。在中国，我有幸经历了很多新的旅程：踏上长城、走进天坛和参观颐和园。

In China and in all over the world, if one wants to have success easily, he or she should at first master the language spoken in his/her locality where he/she studies. The language is the tool of communication, and it is the main key that helps you open all the doors you need and find out what you are looking for. Mastering the language helps you to read and understand, to communicate with others, to ask questions when you don't understand. It enables you to communicate with your friends, your teachers, your supervisor and anybody else very conveniently. But the problem is how to master a language such as "Chinese, the most difficult language in the world" within 6 to 8 months. That's a big deal! As I am an international student, I also faced the language barrier. Although, I have good English skill, but it is not my communication strength in China because most of Chinese people can't communicate in English. When I talk to international students, most of them have the same situation. I studied at the language school in IAT for a couple of months but still found it difficult to keep up with my classmates I still weak in Chinese language and mostly hesitate to communicate with Chinese people. In start of my study here I was very sad and worried about whether I could finish PhD successfully but later on I found that, as international student of Management Sciences my English skill already satisfied the requirement of my major.

在中国乃至全世界，如果一个人想要成功得轻松一些，那么他/她应该先掌握当地的语言。语言是沟通的工具，它能帮助你打开所需的门并找出问题的关键。掌握语言可以帮助你阅读和理解，与他人沟通，当你有疑惑的时候可以自由发问。它使你能够非常方便地与朋友、老师、上司以及其他人进行交流。但问题是如何在6到8个月内掌握中文——世界上最难的语言。这是一个大问题！由于我是国际学生，当然也面临着这样的语言障碍。虽然我的英语水平还不错，但这无法让我在中国与大家顺畅地交流，因为大多数中国人都无法用英语交流。当我和国际学生交谈时，他们大多数人都面临同样的窘境。我在语言学校（IAT）学习了几个月，但我的汉语还是很差，很难与同学们交流，而且我们中的大多数人都不太能够跟中国人交流。刚开始在这里学习的时候，我感到很沮丧，担心自己不能顺利完成博士学位，但后来我发现，作为管理科学专业的国际学生，我的英语能力已经满足了我的专业要求。

Yes, the food is different. I'm an adventurous person, so I tried just about anything. I noticed that Chinese love to eat food and they take their meals preparation very seriously. You don't just sit down at a table, you go to the pet shop (or what appears to be...) and choose what you want to eat, and explain how you want to cooked. The Chinese are terrific hosts, and want you to be happy. If you finish what's on your plate and they see the bottom of your plate, more food comes... It was very wonderful moment for me when I got my first invitation for dinner from my supervisor. It is also my first experience to taste variety of Chinese dishes hosted by Zhao.

当然，食物也与我们巴基斯坦差别很大。我是一个勇于冒险的人，所以我非常乐意尝试一切。我注意到中国人喜欢吃，他们会非常认真地准备和享用食物。你不只是坐在饭桌旁，你可以去肉店（或者是其他的地方），选择你想吃的食物并说明你喜欢的烹饪方式。中国人的待客之道如此热情：他们一旦看到你吃完了盘子里的东西，就会送来更多的食物。我感到非常幸福当我第一次受导师之邀共进午餐时，这也是我第一次品尝各类中国食物。

Something will always be a bit different. Such as the signs that say 'keep off the grass' was 'please love the grass'. In some of the large cities, many buildings are lit up with colored lights... bridges and even highways too really quite beautiful. I always thought that why don't we do that in Pakistan.

身边的景物也很有特色。比如说“远离草坪”这类标语用中文翻译出来是“请爱护草地”。在一些大城市里，许多建筑物都由各色灯光点缀，桥梁以及高速公路也非常漂亮。我一直在想，我们巴基斯坦为什么不效仿这样的美景？

PhD learning Experience

博士求学经历

Life at the university was and remains a very interesting experience. Despite the fact that I got more used to the professional life, there was a very enjoyable side for becoming a student again. I had the ongoing chance to make great friends, Chinese as well as foreign from all over the world who shared the same passion as me.

大学的生活非常有趣。尽管我已经参加工作多年，但是有机会再次成为学生还是一件非常愉快的事。我有机会结交中国以及来自世界各地的与我有着同样激情的朋友。

I am very lucky to study in top rank university that afforded me the opportunity to visit such a beautiful and ever changing country as China. So far I am really enjoying indulging myself in the learning atmosphere that USTC has to offer. Everyone I meet is altruistic and willing to help in my expedition for knowledge. Also, I enjoy my whole world of learning: in a corner of campus café or in the spacious study room of the campus library. It's so wonderful to learn from one another academically and personally in my university.

我很幸运能够在顶级的大学念书，让我有机会遇见这样一个美丽而又不断变化的中国。到目前为止，我真的很享受科大带来的学习氛围。在这里我遇到的每个人都是无私地帮助我在知识的海洋中探险。同时，我喜欢这里的学习环境：不论是在校园咖啡厅的角落，还是在宽敞的图书馆里。能够在这样的学校学习真的是一件非常美妙的事情。

My PhD learning started at occasion when first time I met with my supervisor Zhao Zheng after few days of arrival in China. Zhao is a lifelong innovator and supporter. But not only that, for me and I am sure for his team (623...) at the University of Science and Technology of China, he is an inspirational leader, the person who is driven by the vision and the values to make this world better. Management and poverty must talk!!! This is the vision of this innovator that drives many researchers in Hefei to create and be the change they want to see in the world. This vision drove the process of creating a Knowledge Management System. Zhao reminded me what research and innovation should be all about. It's not enough just to be excellent at what you do, you need to see and remember why you do it. What is the bigger picture and impact of what you are doing? Thank you, Zhao, for being an inspiration and reminding me of what research and... life really... should be all about. Be visionary!

我的博士求学之路是在我见到我的导师赵征老师之后正式开始的，那时我到中国才几天时间。赵老师是一位坚持并支持创新的人。除此之外，对于包括我在内的623团队，他是一个鼓舞人心的领导者，胸怀着让世界变得更好的愿景。管理和贫穷必须发声——这是赵老师作为一名创新工作者的愿景，也激励着无数在合肥的研究人员去改造这个世界。这个愿景推动了建立知识管理系统的过程。赵老师告诉我研究是什么和创新的内在含义；仅仅会做事情是不够的，还要知道并铭记为什么你要这么做；对于正在做的事情要有更大的胸怀和更深的理解。谢谢赵老师的启发，时刻提醒着我研究和人生的含义。要做一个有远见的人！

In my first year of PhD， I completed my course work under the great teaching experts of this university, meanwhile started my research work with great support of my supervisor. In this year I had completed one research paper and also presented this work in conference which held in shanghai. Through this conference I learned more knowledge and exposure about my research and innovations. In second year, I get started my work on my second paper and also on dissertation. I am not a very good research but I went very fast in my work, it's just due to the great support of my supervisor.

在我博士生涯的第一年，我就完成了本校的课程要求，同时在导师的大力支持下开始了我的研究工作。在这一年内我完成了一篇学术论文，并将该论文发表在上海举行的学术会议上。通过这次会议，我接触到了很多关于我的研究领域的最新知识和创新成果。第二年，我开始准备我的第二篇学术论文和博士学位论文。在导师的大力支持下，我自认为自己虽然还不是一个很好的研究者，但是工作效率还算是很高的。

It’s my third year or may be the last year of my PhD study because I have completed my research dissertation and sooner I will submit it for final review and defense. Last but not least, when you start loving a place, you’ll also be impressed by its surroundings and this is the reason for me that I don’t want to leave China because I learned a lot of beautiful and good things during my period. I also get more love and care from my classmates, professors, management authorities and most importantly from all Chinese people met in my daily routine life in. I always miss this love and care.

这是我博士生涯的第三年，也可能是最后一年，我已经完成了我的毕业论文，很快我就会将论文提交并等待最终的答辩。最后，当你开始热爱一个地方的时候，周围的环境也会给你留深刻的印象。这也是我非常不舍得离开中国的原因，因为在中国的这段时间，我接触到了很多美好的事物。我也获得了来自同学、教授以及学院领导的关爱，其中最令人记忆深刻的是来自日常生活中遇到的所有中国人。我将铭记这份爱与关怀。

As a conclusion to what I could qualify as a prologue on my Chinese experience, I realize that there is still much more to discover for me. But by now, I really am convinced that it is truly the journey that counts and not the destination. However, I would really like to aim for a full adaptation and a deeper and better comprehension of the Chinese culture at some point.

作为我在中国的经历的开场白和结尾，我最想说的是这里还有无数的宝藏在等待我发掘。但是到目前为止，我坚信生命这场旅行最重要的是经历而不是目的地。最后，我真的希望能有机会与中国文化来一次更深入更全面的邂逅。

本文英文作者：Muhammad Rizwan Kamran，中国科学技术大学2015级管理学博士生。

本文中文翻译：熊冰清，中国科学技术大学2015级管理学博士生。

“623”咖啡馆

于我而言，“623”和那一角落的咖啡，是不断丰富和充盈人生的养料。

——熊冰清

我想了很久，不知道自己该写些什么。总感觉自己对于这一切还没有那么熟悉，因为我还身在其中。海明威说过，当我在巴黎的时候，我会写巴塞罗那，因为我还沉浸其中，并无法窥探巴黎的全貌。我想现在的我也是如此，我还在科大，我还是科大的学生，不过庆幸的是，就算毕业之时离开科大，我依旧是科大的学生。只是还没有离开，便开始想念。

海明威在他老年的时候是这么描述巴黎的，“假如你有幸年轻时在巴黎生活过，那么你之后一生中不论到哪，她都与你同在，因为巴黎是一席流动的盛宴。”我相信“623”对于我，对于任何一位“623大家庭”的校友，我们都很庆幸自己在还年轻的时候遇到了赵老师。在科大有一段修行的时光，我之后的一生不论去到哪里，都与之同在，这是一场流动的盛宴，与各位一同享有的盛宴。

我一直有一个梦想，开一家小小的咖啡馆，不用很大。每个清晨在咖啡豆的香气中迎接第一缕阳光，在每一个充满朝气的早晨充上一杯“电”，在伴着阳光的午后读书，夜晚可以看看电影，雨天可以给往来匆匆的人一个避雨点，可以不定期地举办沙龙，畅所欲言，也可以听听故事。

而这个梦想，曾被实现过，在“623”的一角。管理学院楼下有一间咖啡厅，学生老师都知道。而在管理学院楼上的623办公室内，也有一个小小的咖啡馆，或许也不能称之为咖啡馆，仅仅是一个咖啡角。它在进门的左手边，没有专业的咖啡机，没有精美的菜单，只有一个简单的黑板上面写着“623咖啡”，以及一个小小的手磨和爱乐压（一款便携的简易咖啡制作工具）。知道这个小小咖啡角落的人虽然很少，但是知道的人都不止一次地喝过这里的咖啡，也许因为热爱那丰富的口感，也许因为喝过可以更纯粹地追求梦想。喝之前要用手磨细细地将咖啡豆磨成粉，不多不少，100圈一杯，然后加入热水，用爱乐压将咖啡豆加压滤出，全程不过20秒，一杯香浓的黑咖啡就诞生了。

办公室内满是咖啡的香气。我热爱这份馥郁，就像我热爱“623”一样。咖啡豆是一颗平凡的红色果实，内藏着改变世界的光芒。就像“623”和那一角落的咖啡，于我而言，他们是不断丰富和充盈人生的养料。我们都知道一杯咖啡不会改变世界，但是背后的梦想和追求梦想的年轻人可以，“623”与我，就是这样一片土地，未来那棵树，在那个角落，种下，并不断提供养分。

生活有时候需要一些仪式感，与矫情无关。那么这个角落里不为人知的咖啡馆就是“623”给我的仪式感，为每一个“623er”提供那么一个时刻，能提供的绝不仅仅是一杯纯粹的黑咖啡那么简单，希望你能想到我，在任何你们需要的时刻。我们的微信群，何尝不是一个这样的存在，我猜赵老师的初心，是创造一个“623ers”自由交流的平台，可以放下防备与伪装，与这么一群好友，侃天说地，也不失为生活中的一份小确幸。

记得刚刚来到科大的时候，赵老师说过，希望以后我们毕业之后，可以自豪地跟人介绍科大的一花一木，可以在回忆的时候都带着情怀和梦想。我还没有毕业，但是我现在跟任何人说起科大，说起“623”和所有的“623ers”，都是自豪的、骄傲的。感谢赵老师提供的平台和养分让“623ers”可以终身受用。

最近迷上了木心，送大家一首他的诗，也是一首很好听的歌——《从前慢》，觉得跟现在的心境很相似，也恰好表达了我对科大及“623”的感情：一生只够追一处梦。

记得早先少年时

大家诚诚恳恳

说一句　是一句

清早上火车站

长街黑暗无行人

卖豆浆的小店冒着热气

从前的日色变得慢

车，马，邮件都慢

一生只够爱一个人

从前的锁也好看

钥匙精美有样子

你锁了　人家就懂了

熊冰清，中国科学技术大学2015级管理学博士生。

感恩科大，让我的世界更精彩

在读MBA的旅程中，我学会了认清自我，拓宽了视野和思想维度，更收获了一群志同道合、互相学习、共同进步的朋友。

——朱　叶

风风雨雨，朝朝暮暮，花开花谢，秋去春来。蓦然回首，珍贵的三年校园时光竟在不知不觉中溜走。三年前，为了完成自己考研的梦想，拒绝变成“油腻”的大妈，我毅然走上考研的道路，回归校园生活。2015年9月我有幸考上了科大的MBA，成为科大的一员。

回首过去一千多个日日夜夜，五十多个没有懒觉的周末，往返苏州与常州的一万多公里的行程，我才发现，那些我曾经认为的很多困难，难啃的知识点，难通过的考试，难到看不到希望的论文，到今天看来，留下的更多的是满满的回忆。

【幕一】时间：2014年10月，关键词：考研。

在完成了人生两大事——结婚、生子后，生活失去了新的方向。眼看就要变成“油腻”的大妈，我毅然选择了考研这条路。

【幕二】时间：2015年9月，关键词：开学典礼。

在开学典礼上，第一次遇到意气风发的同学们，第一次了解到科大世界领先的量子通信技术，第一次聆听集美貌与智慧于一身的校友的分享。

【幕三】时间：2016年1月，关键词：校友会春晚。

科大管理学院苏州校友会第一届春晚，由我们2015级的同学牵头，召集了历届科大苏州的校友齐聚一堂，管理学院余玉刚院长亲自来晚会现场致辞。

【幕四】时间：2016年5月，关键词：创业大赛。

与同学组队参加创业大赛，经过多次的探讨、考察、学习、改进，使课堂上学习的工商管理知识能够学以致用，知行并进。

【幕五】时间：2016年6月，关键词：香港中文大学交流会。

凭借科大顶级学府的平台，我们得以与香港中文大学的MBA同学进行学术交流，分享两校MBA学习模式的不同以及对时事热点的观点。

【幕六】时间：2016年9月，关键词：返校活动。

返校活动让我们重返校园，参观校史馆、校企科大讯飞以及国家同步辐射实验室，深切地感受科大的文化、精神和能力，为成为科大的一员而感到莫大的自豪。

【幕七】时间：2017年6月，关键词：IPMP考试。

通过项目管理课程，参加IPMP-C级认证。从高强度的理论学习，并结合自身项目管理的经验以及实际案例分析，到最后的面试，通过重重考验，让我对项目管理的体系有了更完整、更系统的认识，全方位地提升了项目管理的能力。

【幕八】时间：2017年10月，关键词：美西游学。

依托科大强大的资源，有幸参加了学校免费为MBA学员筹办的美西游学之旅，让我有机会进入连想都不敢想的美国顶级名校——加州大学学习，充分感受了美国名校MBA导师的学术魅力，参观美国知名企业和校园创业基地，体验国际间交流的独特乐趣，开拓国际视野。

【幕九】时间：2017年11月，关键词：毕业论文。

MBA求学期间，自认为干得最为明智的事就是赖上了赵征老师做我的导师。在赵老师专业的指导下，经过6次修改开题报告，读了上百篇相关文献，历时6个月写了20多稿的论文，一次性顺利通过答辩。而赵老师渊博的学识，严谨治学，精益求精的作风，对工作的认真严谨的态度，都使我终身受益。

…………

回味这一幕幕的场景，回想当初选择读MBA的初衷，好像已经悄然发生了变化。在这一段旅程中，我学会了认清自我，拓宽了视野和思想维度，更收获了一群志同道合、互相学习、共同进步的朋友。

毕业绝对不是终点，而是起点。我为能成为科大合格的校友、成为623大家庭的一员而自豪。我将从此出发，不忘初心，砥砺前行。

朱叶，中国科学技术大学2015级MBA，现任职于MAN Diesel & Turbo China Production Co.,Ltd.Head of Logistic Warehouse。

在这里，认知自我

求学科大，学的是知识，更是认知；学会思考，更学思维。

——鲁金茗

一

对中国科学技术大学慕名已久。中学时代，于我而言，她是一座教育的殿堂，无法攀爬的高峰。虽不能至，心向往之。

二十年前，我到合肥上大学，所读大学与科大西区只有一路之隔。即便如此，也不敢贸然前往。今天看来，应该是存于内心的一种敬畏吧！

当年，“学在科大”在各所院校之间广为流传。在我们的认知中，科大的学生无疑都是学霸。对这些学霸，我们是既羡慕嫉妒，同时也夹杂着一丝恨意。

当时，我所在的大学有个外语角，周末夜晚“开市”。像我们这样连哑巴英语都说不好、一开口就带有浓厚乡音的，自然不敢混迹其中。据传，外语角的主角，一为安大外语系的女生，另外就是科大的学霸们。高大的树林、昏暗的灯光，一个是口吐莲花，一个是侃侃而谈，一来二去，就携手同游了。

吃不着葡萄偏说葡萄酸。本来，外语系的女生和我们没有半毛钱关系，但被科大的男生“拐走”，“肥水流了外人田”，难免让人心生妒气。可也无奈，谁让自己不争气呢！

当然，这只是道听途说的传说，并没有人去求证真伪。不过，另外一件事倒是亲耳所闻，让我开始颠覆对科大学生的认知。

大学写作老师与科大颇有交流，一次在课堂上提及科大，他告诉我们科大的文学社办得有声有色，文章文采非凡，并一一列举剖析。听后，我们这些中文系的学生心服口服，没想到理工男竟然还有如此细腻的心，拥有如此的文采、水准。

再后来，又陆续听到一些关于科大的传说，比如最年轻的正教授，国际上屡获大奖，等等，让我在对科大敬畏的同时，又多了一份膜拜。

而这些，在我后来与科大的更多接触中一一得到了印证。

二

人生有很多的巧合，似乎都是冥冥之中。

大学毕业后成家买的第一套住房，竟然和科大东区只有一路之隔。晚饭后去科大散步，周末去科大踢球，带女儿去科大玩耍……这是人生一段惬意的时光。

漫步科大，每天都会看到学生们在教室里的夜读，也会发现有各种各样的社团活动，更有一些外国专家学者做报告的宣传海报，有的还是全英文介绍，虽然看不懂，却让人从心里直呼高大上。

漫步科大，学生们会结伴抑或单独从图书馆进进出出，也有一些学子捧一本书闲坐在树下安心阅读，沉静在自己的世界，让人折服科大的浓厚学风。

漫步科大，在石榴园看一场花开花落，去运动场看绿茵场的激情四射，驻足少年班楼下，感叹年少的天之骄子的天赋……

我曾和女儿开玩笑说“科大就是我们家的后花园”。话虽如此，其实，带女儿去科大游玩还藏有我自己的“私心”：想让她更多感知、感受科大的学习、人文氛围。尽管她当时还小，不谙世事。科大还没有在她的心里种下种子，却在不知不觉之间，沁入到我的心底，向往科大的情愫已然滋生，开始向内心深处蔓延。

三

念念不忘，必有回响。

在人生将近不惑之年，居然梦想成真，荣耀地成为科大的一员。

林徽因说：“爱一个人，恋一座城。”如果没有人的指引、吸引，再美的城市也只是一具外壳。与城市的交往，其实是和人的相逢。

与大学的彼此成就同样如此。我和科大的亲密而深度的接触，得益于亦师亦友的赵征博士。因为此前工作的缘故，我和他结识，邀请他担纲908特约评论员，主要围绕新闻热点事件进行分析评论。

评论节目只是个交流、表达的平台，却由此“倒逼”出彼此的更多思考与思索。从媒体的变革到企业的生存，从孩子的教育到文化的创意……于是，原本只是单纯的工作联系，后来由于交流的频繁、认知的加深，朋友之情逐渐占据了上风，成为主导。

梅贻琦先生说：“所谓大学者，非谓有大楼之谓也，有大师之谓也。”我一直认为，一所大学的气质源于老师的气质和气度，大学之大不在于

“好看的皮囊”，更在乎“有趣的灵魂”。这是科大吸引我之所在。于是，我重拾书本，果断报考了中国科大项目管理研究生。一切都比较顺利，在2016年的一天，我敲开了中国科大的校门，来到了科大管理学院，同时成为623大家庭的一分子。毫无疑问，这是梦想花开的一天，是人生的又一个重要时刻。在这里，我将开启生命的又一段旅程……

有人说：科大的本科是金子，硕士是沙子。言下之意，金子珍贵，沙子价值寥寥。其实不然。沙子虽小，用途却广，作用同样不可小觑。更何况——聚沙，可以成塔！

四

大学毕业十多年后，重回课堂，回炉再造，心境自然不同。端坐在科大的教室里，和来自祖国各地的同学一起，聆听科大老师的讲课，心中既欣喜，也难免恐慌。欣喜的是，科大老师大多学贯中西，阅历丰富，娓娓道来之中增加了我们的认知，启发了我们的思考，给我们新打开了一扇窗，让我们受益，变得更加自信。而更多的却是恐慌——本领、能力的恐慌。

“学，然后知不足。”原本以为经历过本科四年的学习，又在社会上磨炼了十多年，于人于事的认知，看待问题的角度，分析社会的思维，已经日趋成熟。然而不！越学越发现自身认知的不足，视野的狭窄，思维的缺陷。课堂上，面对老师的传道授业解惑，有的豁然开朗，惊呼原来如此；有的依然一知半解，懵懵懂懂；还有的干脆一头雾水，不明就里。

扪心自问。我深知，这并不是老师的高深莫测，恰恰是因为自身的不足与不堪。

日积月累之中，辗转难眠之下，这种感受变得更加真切。于是，我把自己这一认知以微信的方式发给赵征博士，他回复我说："在科大求学，进步甚高，可喜可贺。"

一语惊醒梦中人。

"用一朵花看世界，世界就在花中；用一只眼看世界，世界就在眼前；用一颗心看世界，世界就在心里。"人生，不仅是心情，更是心态，良好的心态。

端正心态，需要正视自我。没有自我的认知，何来自我的提升？缺少自我的审视，又何来人生的自信？

审视自我，调整心态，提升认知，我逐渐发现，不管是生活还是工作，不再是"自古华山一条道"，而是有了更多选择的可能。

求学科大，学的是知识，更是认知；学会思考，更学思维。

求学科大，是一份荣耀，也是一份信心，更是一份责任。

"路漫漫其修远兮，吾将上下而求索。"且学且思且珍惜！

鲁金茗，中国科学技术大学2016级MPM，现任新华网安徽频道总经理助理。

这条人生的暗线终引我走进广阔的星野

这所大学于我更像是人生的一条暗线，隐隐如林外的星光，不时于树隙林缝中闪耀。直至走出林外，它最终成为我眼前更广阔的一片星野。

——边冠峰

第一次听说这个世界上有一所中国科学技术大学是在1988年，因为关于中国科大少年班的神话已经传到了安徽最北的那座偏远小城——淮北。

那一年我正混迹于一个普通初中，逃课，找架，各种不及格，夜读金庸梁羽生，向往少林寺，总之，在过着一个典型70后阳光灿烂的日子。正是在这样的日子里，在老师和老妈的口中听到了科大少年班，一个神秘的班级，一群中国最天才的少年，他们个个身怀绝技，他们的成绩好到无法想象。这让我既欣慰又郁闷，欣慰的是，这种存在让我有了新的视角，原来班里那些牛哄哄的前几名也不过如此；郁闷的是，这世界原来真的有天才，但却永远轮不到是我。这让我在阳光灿烂的日子里偶尔有一些小小的失落。老妈不时的唠叨更像是在往这道小伤口撒盐：你看看人家的孩子，你要是也能上科大该多好。现在我知道，那是她老人家在搞励志，但显然这方法并不成功。因为这并没有让中国科大成为一个少年的梦想或理想，而只让我感到“别人家”式的遥不可及。我知道了中国科学技术大学的存在，但只是徒增了烦恼，所以，我希望更快地忘掉它。

在我报考大学的那一年，安徽大学还不是“211”高校，很多现在的大学那时还是专科或学院。而中国科学技术大学对于我来说，只是报考志愿册上的一行字，我的眼光并未在这行字上做太多的停留，因为我对自己的成绩水平还有着清醒的认知。虽然是预估分报志愿，但我还没头脑发热到把自己预估进科大的地步。当时让我费尽心思的是，如何抱着对可怜的预估分数尽可能在志愿填报上占点小便宜，这让志愿填报看起来更像是一场投机。不幸的是，投机很失败，最终以我走进皖西一所师范院校的中文系而收尾。

再次与中国科学技术大学产生交集是因为一份简历。当时我在省城一家报社任新闻中心负责人。该报社招聘记者时，一位科大的研究生参与了应聘。在所有简历中，这份简历显得相当出色：硕士学位加英语六级，但很可惜，他的专业与新闻距离太远，犹豫再三，还是放弃了他。联想到几年之后，传统纸媒境遇的一落千丈，他也许应该为这次落聘感到幸运。

真正意义上第一次走进中国科学技术大学已是2008年，此时距我第一次听说这所大学已过了整整20年。那一年我已为人父，是陪着8岁的儿子去的。因为一个朋友在科大工作，就组织了一次小活动，让几个朋友的孩子参观一下科大，受一下名校的熏陶。我作为陪同人员，也有幸第一次和儿子一起参观了科大的各种馆，还在天文馆感受了一下天文望远镜。孩子们那天玩得很开心，问了很多问题。而我心里泛起的却是20年前老妈的那句的唠叨：儿子将来要能上这样的大学该多好。为人父母者对下一代的希望与期待也许从未改变过，它只是在轮回。

年过不惑后，两个朋友约我报考科大的硕士研究生，这让我吓了一跳，觉得这很不可思议。也有朋友建议我别再瞎折腾了，因为按照正常的得失算法，职称已经高级，而且这个岁数，一个硕士文凭也不能为职位的升迁再增加砝码了。这种算法当然无懈可击，但只漏算了一样，那就是人内心的向往，对自己不断充实完善的向往。我最终还是选择了折腾，如果说18岁时，为了在高考的独木桥上还需要为前途竭尽各种算法，那么，现在已经不必要了。现在最重要的是，要在最容易向人生妥协的年龄，说服自己还不愿去妥协，还想要那进一寸有一寸的欢喜。经过复习考试的百般煎熬后，我终于拿到了中国科大的录取通知书。人到中年，再把这事冠以逆袭、励志未免矫情滑稽，但我要为自己仍思进取感到由衷的欣慰。

入学半年来，结识了很多良师益友。而在中国科大的课堂上，我重新发现了一流名校的吸引力。这种吸引力已不仅仅只是像嘴边叼一根名牌雪茄能使自己身份倍增，或者像在身上挂一块金字招牌使自己看起来金光闪闪，而是它真正能给你提供这么多闪现着人类杰出智力的高级“产品”。各学科老师为课堂奉献的各类学说，总是逻辑完备，无懈可击，这真是这个平凡尘世上罕见的东西。很多日常的思维模式和视角会在这样的课堂上被打破，而这种打破又与我平时的胡思乱想是两码事。其实，胡思乱想并不有趣，真正的有趣是有道理而且新奇。而那些课堂上新的思维模式和视角正是如此，这一切让我倍感惊喜，也让我倍感幸运，还好，我最终未与这样的乐趣失之交臂。

回首过往，这所大学于我更像是人生的一条暗线，隐隐如林外的星光，不时于树隙林缝中闪耀。直至走出林外，它最终成为我眼前更阔的一片星野。

边冠峰，中国科学技术大学2017级MPM，现任合肥在线总编辑。

遇见科大，一场久别的重逢！

走进科大，就是与“脚踏实地和仰望星空”的信念重逢，就是与难以忘却的初心重逢。

——赵　媚

“世上所有的相遇，都是久别重逢。”我与科大，大抵也是这样吧！

那年秋季，我在电话里颇有些自得地告诉朋友：“我在科大读研了！”朋友的回应没有期待的热烈，倒是露出明显的惊诧：“啊?！你吗？小时候干嘛去了?”

呵，朋友是真朋友。只是朋友不知，当年镇上小学老师为激发孩子们奋进，每每提起科大都是这样的语气：“科大啊，可是有‘少年班’神童的哦！校园里遇见的，那都是科学家啊！”后来回想，那时，科大于我，是个神奇的传说，是远在天边的星空，而我毕竟少了那份“手可摘星辰”的志向……

千禧年前，我毕业入职省级媒体。那时，台里有档火爆的夜话节目，经常会请来各行业的大家、专家做嘉宾，其中就有一位科大的教授。该教授学术水平高，知识面广，口才也了得，可谓文理融通、学贯中西，嘉宾无出其右。每逢教授出场，明显主持人和听众们都来劲儿。而每当谈及教授，同事们也都不由得赞叹：“人家可是科大的啊，能不厉害吗?!”教授可能从未注意过，每次他来上节目，总有位在办公室一隅正巧“加班”的年轻主播，教授更不会知道，自己的观点对一位刚入职的年轻人产生了怎样的指引！后来回想，那时，科大于我，是高手云集的殿堂，而我只是“不敢高声语”的“加班”主播……

兜兜转转又十年。机缘巧合，我有幸担任全省MBA培养院校联盟高峰论坛的主持人。论坛上，来自五所高校的MBA学员们同堂竞技，那份集实践和理论于一身的昂扬与自信，着实激发了我这样燃点低的主持人。比赛结束后，一位女生走上前来：“你好主持人，我是科大队的，你主持的真好，能和你合个影吗?”说实话，作为一向“不要人夸颜色好”的非著名广播主持人，那一刻，我竟意外的有一种小兴奋，不仅因为观众点赞，更因为这是来自“科大”的观众！当然，就在这样的场合，还发生了我与失散二十多年的老同学重逢的桥段，而他从国外归来，竟然就在科大工作！后来回想，那时，科大于我，是诗与歌的远方，而我只是随风飘过的当下……

若说我与科大的“重逢”，这就来到了2013年。那年，我们首创了省内媒体跨境宣传推广安徽旅游文化活动，以自驾游的形式，带领听众沿着南半球著名的黄金海岸线前行，深入宣传安徽文化旅游品牌。为了丰富活动文化内涵，确保品质品味，需要邀请一位视野开阔、底蕴深厚、理实兼备的学者，来出任此行的文化推广大使。这时，“中国科大赵征”的名字和简介作为官方推荐，首次出现在我的眼前。于是澳新之旅，每天由我俩合作主持的跨境连线直播，就成了此行的另一道风景。因每天节目的需要，旅途中我得抓住一切可请教的机会和赵老师探讨、交流：如何从风物中见人文？如何从见闻中比较文化的差异与交融？这一路，用“问道”来形容我与赵老师的交流，一点也不为过。十几天下来竟成了“习惯”，以至于在返程的国际航班上，约10小时飞行，我的追问几乎贯穿全程，这种爱追问的职业病，当时有没有招人烦是一点儿也不记得了，可那一问一答间纵横四海、激浊扬清的痛快与欢畅，倒是记忆颇深！

就在那次，我明白了只有完成从“知道、悟道、做到”的过程，才算“学到、得道”的真谛！这些年，正是这一观点警醒着我：切忌因媒体人“知道”容易，便错当是自己“学到”“得道”，只有在“悟道”和“做到”上多下功夫，才能实现“布道”的人生追求……告别时，他丢了一句话：“有机会来科大上个学吧！”现在想来，就是这当时当地，言者不经意、听者未在意的一句话，竟成了我与科大重逢的“密钥”！

心理学研究表明，人的注意力在哪里，哪里就是你的世界。走进科大校园，红专并进，理实交融——这句镌刻在管理学院教学楼墙面上的校训，竟在第一次遇见时就震慑到了我！坐进科大教室，感受到不同科目的教授，却传递着相同的理念：科大的实证主义！于是，那些与科大精神有关的人和事，似乎都和你产生了某种“纠缠”——科大的校歌是周恩来总理亲自修改审定的；科大的校训是首任校长郭沫若提出的；陈毅元帅、聂荣臻、谭震林、何长工、罗瑞卿等老一辈革命家，都曾来科大做过报告；华罗庚、钱学森、郭永怀、赵忠尧、严济慈等在中国大百科全书里赫赫有名的科学大师，都曾站在科大的讲堂上；教授、名师上讲堂是科大开创以来的传统；科大向来有“千人一院士”的佳话；某天有同学在食堂偶遇了潘建伟教授，竟然在同学群里兴奋得像孩子般大声宣告……每念及此，那份震撼总会浮上心头！

走进科大，就是与“脚踏实地和仰望星空”的信念重逢，就是与难以忘却的初心重逢，每当行走在科大的校园里，这样的久别重逢感总是那么强烈地在心间回响……

年少不识金镶玉，识得已是不惑年。走进科大那年，也正巧是我告别坚守了20年的媒体工作之年。某天莫名想起朋友当初的那句“质疑”，不由感念：若年少时就能学在科大，自然是成才之幸；但若行走半生还能与科大相逢，那则是人生之幸了。人到中年，走进科大，若能带上一颗求索的心，为感性人生的穷途找一条理性思考的路，方不算辜负！

不知从何时起，科大的樱花成了人们寻找春天的向往，但那毕竟只是匆匆的春红。而今从科大秋季的林荫道上起步，在凝视与行走中，我感受到世界与人生的静美与饱满，不觉生出一种久违的踏实，一份心愿！

入学第一天，上完课天色已近黄昏。我还是“不忘初心”地吆喝上几位同学赶到校园的“老北门”，只为了拍张照。我明白，这哪里是为拍照，这其实是我和科大“久别重逢”的一场仪式！

让“科大就在我的生活中”吧，从此不觉长路远！

赵媚，中国科学技术大学2017级MPM，现任媚力旅游工作室创始人，“WE领读”总策划。

和我们，谈谈管理——科大学习有感

年近不惑的人再次走进课堂，排除的不仅仅是万难，最最需要克服的，恐怕是对自己的怀疑。

——王海燕

我关注赵征老师差不多有3年了，缘起于2014年年末时在朋友圈读到他的一篇文章《免费的意义》。拜读之后大为叹服，遂追根溯源，找到了赵老师的微信公众号，关注之，每每阅读，颇有收获。

真正见到赵老师，是在我成为科大学生的第四个月，我们排到了赵老师的课——知识管理。

两天的课程下来，我印象最深的就是两句话：

“所谓的学习能力强，就是知道自己需要学习什么。”

“管理就是拉单子，科学就是分类。”

在信息爆炸的互联网时代，大家担心的从来都不是摄取不到信息，而是信息太多你如何取舍的问题。因为生命是有限的，时间是宝贵的，谁也浪费不起。能看透自己到底缺乏什么、需要补足什么的人，已经赢在了起跑线上，被夸一句学习能力强也不为过。

在没有学这门课之前，我大概从来没有想过，其实万事万物，无非一个“排序”问题。

比如困扰了无数人的“媳妇和妈妈掉进水里你先救谁”，比如“家庭和事业很难兼顾”，再比如“我在开会，待会儿再给你回电话”……说穿了，不过是此时此刻此情此景哪件事情哪个人在你心里更重要罢了！媳妇比较重要，所以我要先救媳妇，妈妈对不起，你等一等；事业比较重要，家庭的事儿可以稍微放一放；现在开会比较重要，跟你通电话不重要……

推而广之，四象限法则①无非也就是一个排序问题。

赵老师有篇文章里说得非常明白：“管理学和经济学的基本假设之一，就是资源是有限的，因此要合理配置资源。对于一个组织而言，当前有哪些问题需要解决，这些问题轻重缓急的次序是什么，解决问题的方向是什么，解决这些问题需要什么资源，这些资源之间有什么内在联系，解决问题的步骤是什么样的，为什么是这样的……观察现象，收集资料，整理和分析数据，寻找联系，提出问题，形成假设，设计解决方案，检验和评估，交流和总结，获取新知识，形成智慧，改变行为，这一切就是管理活动的构成。”

说得真是非常清晰、透彻了，让我等也许不缺实践经验但实在缺乏理论培训的“老”学生们，有醍醐灌顶之感。

年近不惑的人再次走进课堂，排除的不仅仅是万难，最最需要克服的，恐怕是对自己的怀疑：我还有没

① 四象限法则，是时间管理理论的一个重要观念，是应有重点地把主要的精力和时间，集中地放在那些重要但不紧急的工作上，这样可以做到未雨绸缪，防患于未然。

有学习力？我还能不能进行这样的理论知识学习？

一学期的MBA学习下来，我仿佛找到了一点点信心，也找到了一些方法，和一群有着共同目标的小伙伴们，慢慢摸索到了一条路径，去窥探知识神殿的庄严之门。

感谢科大，感谢赵老师，还愿意和我们，谈谈管理。

王海燕，中国科学技术大学2017级EMBA，现任安徽一天电气技术股份有限公司总经理助理。

创业故事篇

STARTUP STORIES

一“芯”一意　砥砺前行

低调质朴的科大风格，亦为宏晶人所秉承，成为宏晶文化的重要部分；追求卓越的科大信念，将始终伴随宏晶人坚守“中国芯”的梦想！

——刘　伟

在我心里，科大有着她独特的精神：低调质朴、追求卓越。正如紫藤紧绕的老北门，静伫守护学术的圣洁与宁静；就像宽厚基座上两头刚劲的孺子牛，尽显着科大人追求卓越、勇攀科学高峰的雄心壮志。这股精神是我决心成为一名科大人的重要力量。

2000年本科毕业后，我在外资企业从事芯片设计、集成电路开发工作，工作的角色从研发工程师到研发管理、项目管理、产品管理。随着对IC产业的认知越来越全面和深刻，设计“中国芯”的创业梦想越来越清晰。工程师出身的我，在技术上已有一定积累，但在自我突破、运营管理等方面，深感不足。公司的运营、团队的管理、业务的拓展，以及纷繁复杂的外部环境，变幻莫测。无论是自己的知识结构，还是自己对客观世界的认知水平，抑或是对于公司发展的驾驭水平，都亟须得到提高。如何突破自我、提升自我，带领公司取得更大的发展，成为我来科大学习的重要动因。

2007年，我重返菁菁校园，成为科大管理学院的一名学子。求学的几年间，科大优秀的师资阵容、科学的课程设置、充满凝聚力的校友网络给予了我很多。在科大，我学习了系统的管理知识，开阔了视野，突破了思维模式，完善与提高了自我。

2009年，我开始创业，成立了合肥宏晶微电子，专注于具有自主知识产权的集成电路设计、软件开发、系统方案设计。创业不容易，做研发更难，一路走来，遇到了诸多问题。我和团队沉下心来，坚持专注研发和创新的信念，公司成立不到两年，即设计完成了第一颗平板显示主控芯片。产品应用的设计技术涵盖了国际市场现有的主流核心技术，各项性能比均达到世界领先水平，填补了国内技术空白。勇敢而踏实地迈出了第一步，公司的发展也步入了快车道，陆续完成多项国内外领先的技术产品开发，并实现产业化。公司先后获得多项荣誉资质：被认定为国家高新技术企业、双软企业、集成电路设计企业、科技小巨人培育企业；承担多项国家、省、市重大科研项目；获得安徽省百人计划、合肥市百人计划、安徽省特聘外国专家、安徽省外专百人计划培育项目、安徽省技术领军人才等多项荣誉；拥有核心自主知识产权300余项。2015年，合肥宏晶微电子在全国中小企业股份转让系统（“新三板”）顺利挂牌。

而今，公司已经走过了8个年头，我对于科大精神的理解，也随着创业道路的一步步走来，越来越深刻。在导师赵征老师的影响下，我几番踏上戈壁古道，宏晶人也在不断地挑战更艰难的“毅行”。

低调质朴的科大风格，亦为宏晶人所秉承，成为宏晶文化的重要部分；追求卓越的科大信念，将始终伴随宏晶人坚守“中国芯”的梦想！

刘伟，中国科学技术大学2007级MBA，现任合肥宏晶微电子科技股份有限公司董事长、董事、总经理。

科大，开启我不惑之年的美好时光

科大快乐自主的学习过程，提升了我视野的高度，让我对未来有了新的憧憬，对事业有了新的野心。

——陈　鹏

我承认自己是个不安分的人，尤其是上了中国科大管理学院EMBA以后，体内的不安分因素被充分激活，不仅跑到茫茫戈壁体验了玄奘之路，还在不惑之年告别体制内的安稳生活，走上了充满风险与挑战的创业之路。很多人说我勇气可嘉且胆子很大，其实，如果你也有幸进入科大管理学院学习，与这里的老师和同学结缘，或许你的胆量和勇气比我还要大。感恩科大，给了我新的知识和勇气，开启了我不惑之年的美好时光。

我是一个充满好奇心的人，所以即便痛苦和焦虑，也要离开自己的舒适区。从清闲的教育局考到忙碌的电视台，再从采编转行搞经营，我总是乐于挑战。可是人到中年，一切都变得安稳起来，曾经追求的好像都有了，身边人大都是按部就班工作，平平淡淡生活，打牌、喝酒、应酬，觥筹交错间很容易沦落为一个“油腻”的中年大叔。如何在浮躁平庸的日子里为不安的灵魂寻找一个休憩的地方，于是我想到了学习深造，去上炙手可热的商学院EMBA。

中国科学技术大学对我这个文科生而言，曾是高考时遥不可及的梦想，在我人到中年的时候，竟然梦想成真了。经过一年多时间的准备，2012年夏，我有幸成为科大管理学院EMBA专业的一员。重回校园的日子是令人兴奋而又值得珍惜的，每个月上课的那几天时间，我会暂别工作的烦恼，从芜湖到合肥，来到充满青春气息的科大校园。我这个体制内的中年大叔，仿佛又重回激情的年少时光，浑身充满活力。因为在这里，你会卸下包袱，放下架子，你会被老师渊博的学识、唯精唯一的作风征服，被同学创新的精神和进取的状态所感染，你会因此少了很多“油腻”，多出几分久违的少年气。当年环形教室里的激烈辩论和答不出问题时的窘态；勤奋路上樱花盛开时的校园漫步；清明节紫蓬山雨中拉练时的集体“僵尸照”和徽杭古道篝火狂欢时映红的笑脸，这一切都历历在目、清晰可见。正是在科大快乐自主的学习过程，提升了我视野的高度，让我对未来有了新的憧憬，对事业有了新的野心。

改变从进入科大开始，而质变则是代表科大参加了第十届全球商学院戈壁挑战赛（简称“戈十”）以后。

户外运动是我的多年爱好，报考中国科大时，就梦想着能够代表学校去参加戈壁挑战赛。然而入学后才知道，居然全国有三十多所商学院都热衷参与的“玄奘之路戈壁挑战赛”，科大却从来没有组队参加过，这让我深感意外。为了梦想，我决意要挑战一回，促成科大组队参赛。在经历了鼓动宣传和一次报名失败后，我有幸遇到了赵征老师，在他的鼓励与支持下，我和几个同学共同发起成立了“科大远征户外运动俱乐部”，并担任了首届会长。

在此之前，方隽、马兰、钟成军和我等几位发起人都没有连续跑过5千米以上的记录，可是为了能够代表科大参赛，我们请了安徽最好的长跑教练，每周坚持集中训练，还利用清明、国庆长假开展长途拉练，甚至集体参加了首届合肥国际马拉松比赛，创造了半马集体完赛的奇迹。

在奔跑中我们遇见了不一样的自己，也收获了有着共同梦想目标的同学友谊，越来越多的同学加入了共同奔跑的行列。经过近一年时间的训练准备，2015年5月22日到25日，在赵征老师的带领下，我作为队长和10名校友一起参加了第十届玄奘之路全球商学院戈壁挑战赛，成为科大远征戈壁的开路先锋。4天时间，我们相互帮助，不畏艰险，一起徒步穿越了112千米的戈壁荒漠，深入体验了玄奘大师只身穿越无人戈壁的生死历程。记得第三天的时候，我的双脚就已经布满了水泡，每走一步都疼痛难忍，第四天开始有的创口已经出血化脓，始终像刀割一样钻心的疼，为了集体的荣誉，我只能咬牙坚持，队友们更是对我不离不弃，全力相助，正是在那样恶劣的环境中，我们在内心深处寻找到让生命得以攀援上升的巨大能量。我们携手并肩冲刺，用汗水、泪水和血水，为科大捧回了第一个“沙克尔顿奖”。

戈十归来，戈友的兄弟姐妹情谊，以及理想、行动、坚持的精神，不仅深深打动了我，也感染了许多科大校友。如今科大戈友会的队伍正在不断壮大，更多不同班级、不同职业和年龄的校友聚在一起，剥离几乎所有外在的东西，只留下在跑步中焕发着活力的个体，共同开启难忘的经历。

戈壁挑战与其说是一次竞赛，不如说是一种精神的传承。我想，正是因为科大，让我遇见了同甘共苦的赵征老师，遇见了和我一样心怀戈壁梦想、不断咬牙坚持的队友们，是他们让我走得更远，让我梦想成真！

记得看过这样一段话：人生的每一次征途累或者不累，险或者不险，其实都不是最重要的，只有累过之后，你看见了那独特的风景，一切便都值得了。我喜欢这样的不安分，只有这样才会不断突破自我，精彩纷呈。卡耐基说过：走的最远的人常是愿意去做并愿意去冒险的人。只有不断学习，才能够不被一路走来的懒惰、贪念和疲惫打败，才能日复一日地坚持初心，一点一滴地筑起梦想。选择科大让我找到了人生的另一种方向，让我在不惑之年找到了另一种美好。

戈壁归来，我做了一个任性的决定，离开体制，跳脱出中年油腻的舒适圈，去做自己喜欢的事，去做让朋友快乐的事。2015年底，经过严格的离任审计，我终于辞去了芜湖广电传媒集团法人代表、董事长的职务。在谢绝了同学公司的邀请和老领导的推荐后，我选择文化旅游作为创业方向，从投资民宿和土特产入手，围绕“城里人下乡，农产品进城”做好服务工作，由零开始，从小做起。我注册了“时光美院”作为民宿板块的招牌，“山的样子”作为土特产的品牌，我要在徽州山水间，用时光筑起心中最美的庭院。

坦白讲，离岗创业这个过程并非华丽转身，而是充满了艰辛和困难。创业是一场生死战，要靠胆识、坚持和运气。新的公司，新的领域，新的品牌，一切从零开始，困难远比想象的多，但我努力将科大低调务实、埋头苦干的风格，融入到创业中去。每当遇到挫折，我总是用理想、行动、坚持的戈壁精神来激励自己，因为我知道在我的身后有一群好戈友、好同学、好老师在鼓励和支持着我。为了我的创业梦想，科大的老师和同学们给了我很多鼓励和信心，赵联、邓志军、费伦武，等等，难以一一列举，尤其是亦师亦友的赵征老师用行动践行了他“陪伴成长”的诺言，让我收获良多，感动万分。

大半年的时间，我的足迹踏遍了黄山地区的许多山谷和溪流，经历了徽州地区的冬天、春天和夏天，直到2016年入秋的时候，终于在世界文化遗产地宏村、西递找到了理想的“时光美院”。世界文化遗产景区里的项目设计和施工又是一个漫长又充满心酸的过程，但是只要一有空我就喜欢坐在院子里，感受阳光、空气和水，感知时光赋予它的气质，因为它承载着我和伙伴们年少时轻狂的梦想，沉淀着中年的不惑和对理想生活状态的追求。

未来，在这个美好的空间里，我想让时间和朋友来描绘更多的精彩，我会备上大家爱喝的酒、爱喝的茶，我想那些熟悉的戈友、同学、老师和陌生的新客，都能在这里找到自己喜欢的事，享受山野间的清风徐徐，放松都市里疲惫的灵魂。

在中国科学技术大学六十周年校庆到来之际，谨以此文，感恩母校，感恩老师和同学们。

陈鹏，中国科学技术大学2012级EMBA，现任志成文化发展（上海）有限公司总经理。

不忘初心，漫话科大

吾生有涯，而知无涯。我是一名科大人，我也必将带着科大人的精神继续走下去。

——钟成军

早就想抒文一篇来说说我与科大的渊源，奈何创业路上总是被各种事情牵绊，无法静心下来。这几日恰逢天降瑞雪，难得有空落座在书桌旁边，泡上一杯香茗，茶香蔓延在书房的空气中，此时关于科大的往事千头万绪，涌上心来。

我是钟成军，623大家庭的一员，2009年在浙江杭州开始创业之旅。创业之初的艰难自不必说，5年后我在杭州站稳了脚跟，兑现了期初我给自己的承诺。而在创业过程中我也有幸结识了大量志同道合的朋友，也遇到了我一生的挚友、企业的咨询顾问——科大管理学院赵征老师。数次的思维碰撞，让我萌生了回家乡创业的想法。“干什么呢?是继续我的老本行还是重新开疆扩土开展新的领域?”这个问题困扰了我很久，多年与运营商打交道似乎固化了我的思维，不行，我得沉下心来好好想一想。恰逢这时，赵老师给了我一个中肯的建议，“要不你准备下考科大的EMBA吧，那里可能有你苦苦寻找的答案!”“考试？科大研究生?”离校多年，混迹职场多年，现在再静下心来看书怕是难上加难，就这么放弃了？我问自己。“不，我要试一试，这不会比创业更难!”就这样，我一边争分夺秒地看书备考，一边有条不紊地打理杭州公司。功夫不负有心人，2012年9月，我顺利收到了科大管理学院EMBA中心的录取通知书，而科大的精神和理念也随之融入到我的血液之中。

在科大，我努力地汲取理论知识，也不停地请教那些创业有成的同学。经过漫长的摸索和深思，2013年5月，我的安徽众喜科技有限公司诞生在合肥市高新区。秉承稳扎稳打的创业理念，期初的安徽众喜我选择了和杭州公司同样的经营理念和业务范围。凭借电信多年来与三大运营商的良好合作关系，安徽众喜很快产生了可观的利润，但是问题也随之暴露出来：复制的商业模式，相同的业务范围不断挤占市场，如果继续这条路，安徽众喜将变得岌岌可危。

变革，是唯一的出路。直到现在我依然经常想起623大家庭成员在我迷茫时陪我彻夜详谈的情景，我仍旧怀恋我们一起走在戈壁沙滩相互扶持的场景——茫茫戈壁滩，多少次的回眸，只为给团队坚持下去的勇气，那结尾处的热泪盈眶，是坚持、是永不放弃的勇气。

新开辟的道路充满荆棘，我很庆幸这条异常艰难的路有人陪我一起走过。现在的安徽众喜已经顺利从运营商业务转型至安全防务和政府应急通信领域，客户范围也涵盖了中国民航系统、武警部队系统、海关系统等大型政府单位，公司的收入也保持每年翻番的增长姿态。

心里的大石头终于落地了，公司进入了常态化运行。2016年我做了一个大胆的决定，引进投资商，这一点我的校友刘启斌也给了我莫大的帮助。从接触投资商开始，相关的法务、政策他就知无不言、言无不尽，毫无保留地指导我。漫长的一年多时间里，洽谈、博弈，最终在2017年年底，公司完成了A轮1300万元的融资。

当东区的礼堂响起科大的校歌，当科大的旗帜从我的头顶上轻轻拂过，当我握着手向科大宣誓，我想起曾经走过的林荫道，我想起那些充满激情的老教授，我想起一起在茫茫黑夜里坚持读书的同学。这四年里，求学之路与创业之路相伴相生，有过劳累和倦怠，但是科大精神一直督促着我前进，脑海里这一刻是满满的收获和感动。

吾生有涯，而知无涯。我是一名科大人，我也必将带着科大人的精神继续走下去。创业之路漫长，唯有守住一颗初心，方能走得更远。

钟成军，中国科学技术大学2012级EMBA，现任安徽众喜科技有限公司董事长。

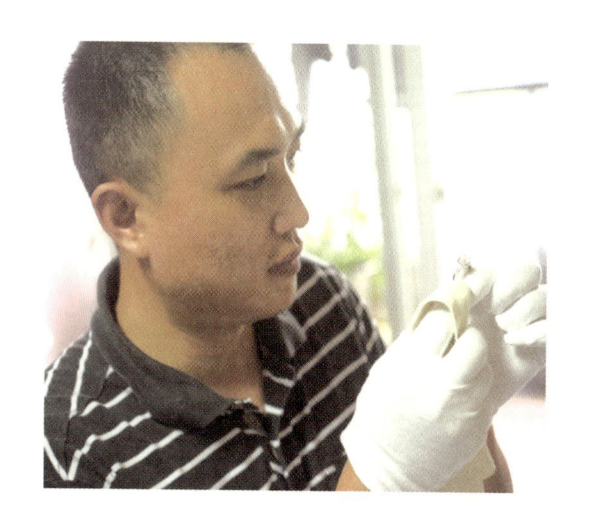

什么是“谜”？

生命中总有一些事情是在我们做好充分准备之前就开始的，因为如果我们花了足够的时间去准备，这个机缘可能就不在了。

——邢　露

坦白说，科大求学经历并不是创建“谜”品牌的全部原动力，但不可否认的是，正是在科大求学的几年间，我完成了对这件事情的系统思考。

进入科大之前，与朋友合伙在香港做了一家公司，既做国际贸易，也帮助别人做一些业务咨询。经历几年不愠不火之后，在无法持续找到金钱刺激的情景下，几个朋友分别走向了不同的路程。时在合肥的我，一边在老乡的星光珠宝公司工作，一边在科大读书。

这中间，首先要感谢东家，尽管单位事情很多，但从来没有在我上课的时候打过我电话，让我能够沉浸在学校的课堂里，发发呆，想想这一生到底还想做点什么好玩的事情。也是在这个过程中，我开始觉得市场上能看见的珠宝品牌都不是很有趣，他们不是试图炫耀自己悠久的历史，就是想着显示自己小数点后几位的物理成分，再就是期望紧紧绑架顾客所谓一生只能有一次的爱情，好无聊。

其次，要感谢学校，尽管有过一段时间以咨询为生的经历，对于各种管理学知识和案例还算了解，但重新回到课堂上，用一些条条框框重新带入自己的感性思考之后，有了和之前完全不同的感觉。于是我觉得在珠宝产业中，如果大部分传统企业算是一个战略群组的话，那么3D打印结合人们对于情感记忆的需求，将会产生一个新的战略群组，能够做出完全不一样的产品。这样基于个人情感记忆设计的个性化产品，将不会再是冷冰冰的贵金属，也不是用来炫耀的货币等值物，而是凝聚了消费者真实情感的随身记忆。

当然，对于一个做过一段时间市场开拓、自己创业过的人来说，仅仅这些还是不够的，毕竟，对于已经经历过的苦难都还搞不清意义，如何有勇气开始新的征程呢？在毕业论文的选题上，赵征老师建议我选择曾经做过的海外市场为题，而不是新选一个课题。如果说当初写《越南不难》这本书，是希望将一段岁月丢在身后，那么写这篇论文，则是让我在各种修改中忘记了那是曾经以为自己的全部。

最后，也要感谢我的家人和朋友。决定了要去做这件事情的时候，条件非常不成熟，前一次创业的窟窿还未能完全填补上，在朋友那里还有欠款，又要开始一次新的冒险。所幸，每次我用“诗意”去说服家人的时候，她们总是会沉默，然后同意。生命中总有一些事情是在我们做好充分准备之前就开始的，因为如果我们花了足够的时间去准备，这个机缘可能就不在了。人总是要先有迷惑，然后才能找回答案的，不是吗？

所以，就有了“谜”，希望你会喜欢。

邢露，中国科学技术大学2012级MBA，合肥辰文网络科技有限公司（迷之谜珠宝）创始人。

圆梦科大，诗酒趁年华

用最好的年华去努力拼搏，实现自己的抱负与梦想，为社会贡献微薄之力。

——李津徽

“且将新火试新茶，诗酒趁年华。”

正是一年好时节，大地逢春，万物复苏。清晨时分，走在生机勃勃的塘西河公园里，柔嫩的垂柳将初升的暖阳撒在绿意盎然的草坪上，如梦如幻。思绪不禁飘回五年前六月份的塘西河，也是如此明媚的清晨，刚刚收到科大录取通知书的我心情激动的难以自抑，一个崭新的世界向我敞开了怀抱。当时的我，怎么也无法想象科大的学习经历将为我带来怎样惊人的变化！

进入科大管理学院就读后，我的人生就像打通了任督二脉，醍醐灌顶，掀开了全新的篇章。古人说人生四大幸事：久旱逢甘露，他乡遇故知，洞房花烛夜，金榜题名时。我全部有幸收获，先是认识了我的太太，然后又在学业中结识了一帮小伙伴，点燃了我心中创业进取的小火苗，再就是有幸遇到赵征老师，将创业实践上升到战略布局的高度，又有幸获得鲁炜教授的教导，在留学领域开辟了新的视野。时至今日，我和同为科大校友的太太孙晓茹创办的英毅教育，已经发展成具有标准化考试中心、匠星软实力提升中心、美藤留学中心、纳川书院、常青藤中心等五个核心项目的集团公司，位列安徽出国留学行业前三甲。这一切，都缘起科大。

中国科学技术大学作为全国知名的高校，能成其中一员一直是我儿时的梦想。进入科大学习后，“红专并进，理实交融”的治学理念，对我后期的创业和团队管理产生了深远的影响。受科大精神的感召，我不仅从IT行业转而投身于教育培训行业，还将创业中英毅教育的企业文化深化为“专注扎根，向阳而生”，将科大的的人文精神进一步传承到新兴的企业中。

科大学子在全球享有盛誉，但可惜的是安徽却少为国外名校所知。创办英毅教育，也是领略到科大学子在全球名校中纵横捭阖的光芒，致力于从初高中开始，打通留学生通往海外名校的桥梁，让更多的安徽学子，可以紧随科大的步伐，在全球崭露头角。“英雄不问出处，毅者四海无疆”，通过英毅教育教职员工的共同努力，已经帮助数百名学员和家庭实现了全球名校梦想。将来随着英毅教育进一步发展和完善，秉承“将英语固化成学员的终身技能”的教育理念，我们将会帮助更多的学子和家庭实现梦想，点亮人生！

随着在科大管理学院的学习和创业路上的征程，在论文期间有幸加入了623大家庭，结识了众多的师兄师姐，其中不乏创业达人，相互印证，获益匪浅。又在赵征老师高屋建瓴的指导下，参与了“科大管院校友会教育分会”的筹建与设立，结识了不少行业前辈与大咖，这些血脉相连、志同道合的科大伙伴都成了我的良师益友。

“怀抱良辰拥美景，不负如来不负卿。”人生如白驹过隙，为什么不在最好的年华去努力拼搏，实现自己的抱负与梦想，同时也为社会贡献微薄之力呢？我一定会秉承科大管理学院各位老师对我们的谆谆教诲，不负众多老师的教导与期望，带领英毅教育全体同仁，为更多的安徽学子，助学圆梦，成就未来！

李津徽，中国科学技术大学2014级MBA，现任合肥英毅教育咨询有限公司总经理。

我的光荣、奋斗与梦想

不要命的攻坚战，卓越的技术能力，低调务实，都源于我们血肉里被《永恒的东风》打下的深深烙印——高峰要高到无穷，红旗要红过九重。

——吉　祥

光　　荣

按照某教育大家的说法，在著名大学附近的房子，才算是真正学区房。这么算来，我家住在中国科学技术大学、合肥工业大学两校之间，那可真算是没有卖得上价的豪华学区房了。家住大学附近，最大的好处就是闲暇无事便可到校园里面去溜达、跑跑步、打打球、混混食堂，看看冬季校园里那漂亮的女生，还有那白发的先生。冥冥中有天意，家在哪里，就与哪里结缘。黄山路上的两所顶级大学，也见证了我刚开始的葱葱青春，见证了我变成了一位略显“油腻”的中年人。

2005年，我还在某国有大型通信运营商从事技术工作。自觉基础薄弱，便去考了科大信息学院电子工程与信息科学系（6系）的电子与通信工程方向的硕士，开启了科大求知的篇章。2006年，我觉着单一通信方向的学习似乎有些单薄，便又极其自负地去报考了MBA。这下可好，繁重的技术工作，两个硕士同时修习，构成了我癫狂的自虐式生活状态。为了完成工作与功课，我只能没日没夜地上班、写作业、考试……

所幸，科大学风的清正与教育的严谨，让我丝毫不敢放松，学习能力开始成倍提升；所幸，那会儿年轻，记忆力、理解力、体力都处在巅峰期，我顺利收获了两份硕士文凭；所幸，高压之下被迫形成的高效率与重结果的工作模式，沉淀到我的血液里，让我受益终生；所幸，因为科大，我与一群热血的80后科大校友结缘，共同奋斗至今。

因为这段宝贵的学习经历，三十挂零的我，抑制不住内心的躁动，开始迸发出科大人的精英意识，对未来有了新的憧憬，对事业有了新的野心。于是，我离开了体制，放弃了给我开出高薪的华为、朗讯贝尔、中兴等国际巨头的offer，选择了与一群年轻的科大校友共闯未知的新能源汽车产业之路。

奋　斗

没想到，少不更事的我们，却因经营理念不合，未能将已初现峥嵘的创业故事继续下去。直到2015年，我们几个科大校友，也是曾经的创业伙伴，择机再出发，创立了安徽锐能科技有限公司。此时的我们，不再有高调做全球第一的狂想，转而希望将科大低调而踏实的风格融入到产品中去，希望做出真正让客户信赖的电池管理系统。

一个新团队，一家新公司，一个新品牌，要取得车企的信任，三个字：难！难！难！我记得国内有一家以技术挑剔而闻名的整车企业。接触之初，他们技术体系对我们比较排斥。公司技术负责人甚至直接指着我们的鼻子说，凭什么我要将车辆的关键控制单元交给新兵蛋子？要知道，我们几个都是博士、硕士，骨子里都有着科大精英的傲娇感，在体制内都曾是指点行业江山的专家，何曾有过这般经历？然而，市场与现实的冷酷，让我们只能强堆起笑脸。可是，笑脸并不能带来效果，客户的技术体系大门始终对我们关闭。正在我们感到悲观之时，突然，客户的技术负责人打来的电话，短短数语："明日对接新项目，你们只有三个月的时间。”要知道，一般新车型的电池管理系统试样，从开发到最终标定至少需要大半年。据我们了解，客户找了国内多家电池管理技术服务商，都没有敢去接这个大活的。怎么办？凭着我们对技术能力的自信，化作一个字：干！

跟所有的励志奋斗故事一样。进度表的每一个刻度，都是项目成员缺觉的额度。技术总监，科大本硕博连读毕业的何耀博士从没离开过项目现场，婚礼的事儿问都没问，以至于未婚妻差点悔婚；采购总监，科大2009级MBA的吴凌君，在去考察供应商的路上，摔折了腿，可第二天她竟然神采奕奕地拄着双拐出现在办公室；公司老大，科大硕博连读毕业的刘新天博士，带着营销与技术的四人组，没日没夜地泡在客户项目场地上；还有几位科大自动化系（10系）的小师弟，每天都在做着最基础的测试数据分析工作……终于，第88天，项目奇迹般“杀青”，我们也获得了用户的垂青。

在庆祝获得订单的那一晚，团队两大桌子成年人，围坐在一起哭得像一群孩子。如今，我们与客户的技术负责人成了好哥们。我们后来才知道，在锐能人工作到第二个月的时候，这位哥们被我们卓越的攻坚能力和不要命的战斗力所折服，当时就已经决定将新订单交给我们这群行业新兵。

从最初的技术攻关赢得客户口碑开始，锐能科技便进入了快速发展期。作为科大背景的工科团队，注定了我们会将科研与技术作为核心能力来提升。2017年年末，我们已经申请了各类专利78件，仅发明专利申请数就高达52件，获得各类专利授权25件。正是因为持续地在研发上的投入，成立仅两年的时间，我们便获得了国家高新技术企业的称号！我们的研发体系与平台，获得了合肥市政府授予的企业技术中心、工程技术中心、工业设计中心、知识产权示范企业等称号，承担省市两级政府委托的安徽省战略新兴产业集聚基地重大项目、合肥市科技关键重大技术攻关项目等5项重点课题。我们的核心经营团队，连续获得了合肥市庐州产业创新团队、安徽省高层次科技人才团队的称号，科大校友刘新天博士、何耀博士，在省市两级屡获技术领军人才等重大荣誉。我们的制造体系，获得了合肥市数字化车间的认定，正在沿着智能制造的方向一路前突。我们的产品，已经屡次被评为安徽省省级新产品、合肥市两创产品、安徽省工业设计大赛优秀作品等称号。我们的客户分布在五湖四海，我们的业绩从2015年的4000万元到2016年的8000万元，2017年我们会再次实现业绩翻番。

两年后的今天，当我回忆那段初创往事，才幡然醒悟：所谓不要命的攻坚战，所谓卓越的技术能力，所谓的低调务实，其实源自于我们的血肉里，早就被科大那首《永恒的东风》，打下了深深的烙印——高峰要高到无穷，红旗要红过九重。

梦　　想

有人说，你们这样拼命，还不是为了发家致富？确实，发家致富是我们最朴实的前进动力。然而，在如今环保危机的时代，在如今时常要戴上口罩出门的时代，在如今国家进入智能制造大发展的时代，作为世界上最牛大学毕业的科技团队，我们觉得实现造富梦想的同时，更应该有时代的担当，更应该有非凡的梦想。

梦想有一天，我们能服务全球所有的整车企业，为每一台电动汽车的安全保驾护航。

梦想有一天，我们能够代表中国汽车电子企业超越博世、电装这样的国际电控巨头，为全球电动汽车技术领航。

梦想有一天，科大人创立的锐能科技能成为电动汽车领域的“科大讯飞”，树立行业的标杆。

梦想有一天，我们科大人为中国智造所做的点滴，都能够汇入中国制造2025的滚滚洪流，成为改变世界制造业格局的新力量。

梦想有一天，未来的天空湛蓝无霾，我可以骄傲地将我们科大人的传奇向儿孙们吟唱。

写在最后：

小雨淅沥　回忆泛起

西区电三楼里　求知的往昔

南区上课铃声　耳畔叮当依稀

四年修行　两枚学位

旧日如在眼前　可时间悄然一箭

已七年创业　一路唏嘘

如今

你的六十花甲　年轻美丽如昔

我的鬓毛已催　仍要自强不息

如今

想为你写下　我最深情语句

却只化作　三个字

谢谢你

吉祥，中国科学技术大学2006级电子工程与信息科学硕士(SA0605)、2006级MBA，现任安徽锐能科技有限公司副总经理。

与“优”同行，“旦”生未来

母校除给我们打下坚实专业基础之外，更赋予每一个科大人不甘落后、勇于挑战、不放弃理想与追求的科大精神。

——彭勇俊

岁末年初，实在是个回忆的好时节。

2016年9月27日，于我来说无疑是个生命中堪比上学、结婚、生子同等重要的日子，我带领一群小伙伴创业了！承载着我们激情与梦想的平台——安徽优旦科技有限公司正式成立！

当时的心境有些五味杂陈，一点现实所迫的无奈，一点顺势而为的平静，一点打破现状的悸动，一点对未知未来的担心，但更多的还是那份每个科大人都深藏心间的对梦想的冲动与渴望吧！

一年多来，我们一路踏歌而行。我们在国内率先提出智能电池管理系统iBMS理念，一口气完成近20款硬件产品型号的研发，并同步上线业内领先的电池数据云平台；我们的团队从最初不到10人发展到50多人，并完成由一个研发型组织向业务型组织的全面转型；我们收获了近20家客户的信任，顺利交付超过60个项目，其中不乏国内一线品牌的乘用车项目；我们成功引入战略投资方、通过IATF16949质量体系认证、荣获“创客中国”创新创业大赛安徽赛区第一名、登陆央视财经频道《创业英雄汇》、提交十余项专利申请、获得合肥市高新技术企业认证……基于各种利好，我们一再提高新一年的营业目标，并对未来发展充满信心。

作为众多科大人中的普通一员，创业，让我越发体会到母校淳厚校风潜移默化中留给我们的宝贵烙印。

我曾先后在母校完成两个硕士学位的研读（SA01023、MBA1008），有幸领略到信息学院与管理学院两种迥异的治学风格并深受影响。信息学院有着浓郁的工科气息，在唯实、求真、严谨、创新的氛围熏陶下，让我在产品与技术方面不敢有丝毫懈怠，长怀工匠之愿，永存敬畏之心。管理学院则教会我开放、交融、协力、共赢的现代商业思维，关注组织创建、模式创新与价值创造，在实践中努力探寻商业的本质。

“红专并进，理实交融”，母校除给我们打下坚实专业基础之外，更赋予每一个科大人不甘落后、勇于挑战、不放弃理想与追求的科大精神。

创业的艰难无处不在。在自有资金仅能维持公司运营12个月的情况下，我们投入了10个月时间去打磨产品，期间几乎没有任何销售收入；我们也经历了无数次与客户“相谈甚欢，却相忘于订单”的尴尬；经历了前投资人单方撤资的无助；经历了管理层员工入职短短一天便离职的沮丧……但科大精神一直陪伴着我乐观面对。不浮躁、不懈怠、不放弃、不轻言失败，我想一个创业路上学子的蜕变也一定是母校乐见的吧。

由郭沫若校长填词的科大校歌里唱道："迎接着永恒的东风，把红旗高举起来，插上科学的高峰。"这是母校对学子们勇攀高峰、科技报国最直接的召唤。我们有幸身处能源革命的伟大时代，有幸参与中国从汽车大国到汽车强国的伟大进程，优旦科技将秉承"用科技让生活更安全、舒适、环保"的伟大愿景，立志成长为一家优秀的汽车电子公司，为中国的新能源汽车事业做出自己的贡献。

六十载弦歌不辍，一甲子春华秋实！值此母校六十华诞之际，谨祝母校生日快乐！与"优"同行，"旦"生未来，优旦科技，我们将一直努力！

彭勇俊，中国科学技术大学2010级MBA，安徽优旦科技有限公司创始人，现任总经理。

梦想是奋斗出来的

践行梦想，铿锵前行！

——周爱梅

作为一名土生土长的安徽人，从小到大，科大一直是我心中遥不可及的梦想！没承想有一天自己也能成为科大的一分子，在这所驰名中外的学府，接受学识渊博的老师们的教导，与各行各业优秀的同学们一起交流。

自2002年进入安徽桑乐金公司成为一名外贸业务员，我便与桑拿行业结下了不解之缘。在桑乐金工作的十年，我把全部的精力和热情投入到工作中，同时在领导的提拔和帮助下，业绩节节攀升，多年保持销售冠军的纪录，在行业里可以说是一名佼佼者。到了2011年，我在公司的发展也进入了瓶颈期，一次偶然的机会了解到科大MBA的招生，想到自己这么多年全身心投入在工作上，也是时候给自己充充电了。于是在做了一番了解和咨询后，便开始买书复习，英语和逻辑对我不难，数学是个大难题。备考的6个月至少有4个月时间是用来复习数学，每天早晨比平时早起一小时，晚上孩子入睡后以及周末的时间都用来看书做题。功夫不负有心人，在家人的支持下，我终于以A线成绩考入科大月度集中MBA班。

2012年我从桑乐金公司离职，举家搬到美丽的杭州定居。以前工作中认识的欧洲朋友们给我提议新的工作机会，在辗转了一年后，最终我选择了与比利时Alpha Industries Awt Bvba合作开拓中国市场。一直以来是我们中国生产的桑拿房便宜出口到欧美等发达国家，而欧美顶级奢华桑拿房在中国市场几乎还是空白。中国市场有这么多本土桑拿房制造商，比利时进口桑拿房在中国是否有市场？中国是否有如此高端消费者会为价格昂贵的欧洲进口桑拿房买单？蒸桑拿是欧洲传统文化，中国人是否有这种理念？从没有接触过国内营销渠道也没有经验的我要如何打开中国这片市场？而我总共只拿到几十万元的投资……

从2012年9月入学到2015年6月毕业，在科大学习的两年多时间，有幸师从赵征老师、张圣亮老师、史玉民老师、许立新老师、黄攸立老师、杨锋老师以及其他老师们，学习了战略管理、会计学、生产运作、市场营销、人力资源等一系列综合管理知识，为自己的创业计划理清了思路，奠定了基础。2015年是我学业和事业里程碑式的一年，也是幸运的一年！这一年，我在赵征老师的指导下，顺利通过论文答辩，并于6月份毕业。这一年，我的事业也迎来了突飞猛进的发展！

从2014年正式创立国内分公司(2013年已经开始调研市场，去比利时学习培训产品知识)，2015年公司已经开始盈利，经过三年多的发展，比利时ALPHA品牌在中国市场成为知名进口高档桑拿房品牌，在全国二十多个城市最高端商场设有零售店，产品被众多高收入人群所青睐。我们还与全球五星级连锁酒店合作，成功进入奢华级的W酒店、卓美亚酒店等。

目前ALPHA品牌在中国市场才刚开始，未来可持续发展的路还充满未知和困难，但我相信扎根生活品质之城——杭州，迎接国内消费升级的浪潮，我们的产品将有助于大力提升消费者的生活品质。

我将继续践行梦想，铿锵前行！

周爱梅，中国科学技术大学2012级MBA，现任杭州阿尔法康体设备有限公司大中华区首席代表。

在 路 上

“集众智，汇众力”，为创业服务做出我们的贡献。

——彭 彬

当得到美国达拉斯安徽同乡会通知的时候，我顿时觉得非常亲切，一定要去看看老乡，看看校友们，在异国他乡感受中国元宵佳节的温暖。

我能做点什么呢？面对这么多的校友，而今年又是母校建校60周年，我不禁问着自己。

是啊，一甲子的时光。而我从2003年入校就读信息管理与信息系统专业（原15系），一晃与母校已结缘15年。4年本科、1年支教、3年研究生，从见习家电下乡、家电以旧换新项目，到负责科大讯飞公司湖北省业务，到如今掌管安徽中科博道管理咨询有限公司，学校的8年和其后的7年工作，都离不开母校的支持。

中科博道诞生于母校管理学院“623实验室”，是623大家庭的法人成员。如今，中科博道从事管理咨询、培训、投融资服务，是合肥中科先进制造创新产业园的创始合伙人兼高级顾问，致力于为创业者提供全方位的专业服务。

我们的合伙人来自世界各地，秉承“谁牵头，谁分配，谁负责”的合伙机制，让耕者有其田，用宽容、开放的心态打造创业服务平台。

当前国内的“双创”正如火如荼，公司开辟了海外高端人才引进、科技项目落地服务，当前主要工作之一是落实创投基金，为科技型中小企业提供全方位创业服务。

“集众智，汇众力”，一定能为创业服务做出我们的贡献。

彭彬，中国科学技术大学2003级信息管理与决策科学系本科(PB0315)，现任安徽中科博道管理咨询有限公司总经理。

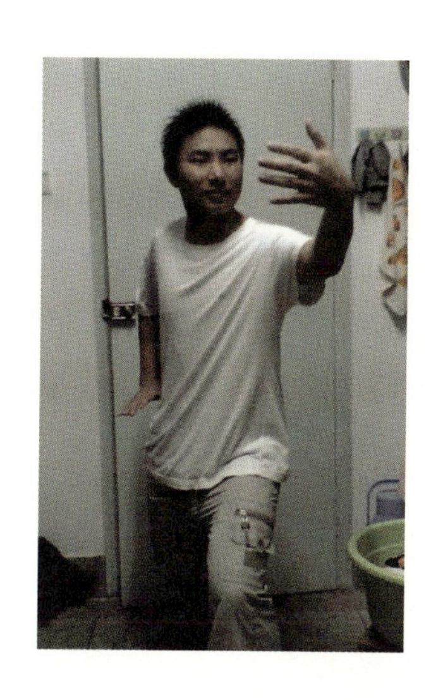

十年科大行
一生科大情

付出比得到更让人喜悦，静下心来做好每一件事比好高骛远更实际，思想的浸染、精神的鼓励比有限的资助更重要。

——尹碧波

60年，似长实短。科大，60年来经历了风风雨雨，却塑造了无数的辉煌人生。之前看过科大同学们写的祝福的文章，我深感振奋。科大永远都会聚集着一群具有创造力和信念感的人。与师长、校友共勉，祝福科大生日快乐！

感谢科大。感谢您改变了一个农村穷小子的命运，如果没有上科大，我人将在何处，命将在何方，无法知晓。

感谢科大。感谢您让我知道了上了大学也要勤奋刻苦，我永远忘不了在通宵自习室奋战的日日夜夜，正是科大这样浓厚的学习氛围锻炼了我的学习能力，这也将让我受用终身。

感谢科大。感谢您让我睁眼看世界，在科大我听了杨振宁、庄小威等学术大咖的报告，近距离地感受到了科学的魅力。在科大我欣赏了京剧、音乐会、黄梅戏等高雅艺术，培养了我的艺术修养。在科大我了解了芳草社、支教团的爱心善举，明白了要回馈社会。

本科毕业之后，我毅然决然地加入了研究生支教团的大家庭，并在宁夏海原进行了一年的支教工作。在教学中，我不仅给孩子们带去了知识，更让孩子们感受到了科大人的勤恳务实。我除了每天完成既定的教学任务，还要定期家访，给贫困学生带去资助。我永远忘不了家长们拿到资助时的感激，忘不了临别时学生们的不舍，忘不了我走过的海原的山山水水。这一年，让我明白了付出比得到更让人喜悦，让我明白了静下心来做好每一件事比好高骛远更实际，让我明白了思想的浸染及精神的鼓励比有限的资助更重要。

支教回来已经6年了，每每梦回海原，一切还是那么地清晰。到现在我已经资助了6名海原的学生上了大学，虽然我的力量不大，但每次收到学生们寄来的特产、传来的喜讯，便喜不自胜。

研究生毕业之后，我便从事着我热爱的教育事业。有人问我：你是科大毕业的却来教书,是不是有点大材小用？我总是笑着回答：教书育人是“小用”吗？在从事教育的几年里，我教过数百名学生，很多学生因为我爱上了科大,爱上了学习,也因此提升了自己。做教育，我不想做成教育巨无霸，只想认真对待每一个学生，用自己多年的学习以及教学经验帮助学生们认识到自身的不足,加以提高,并感受到学习带来的快乐，如此我便知足了。教育是我一生想从事的事业。我会继续秉承科大的优秀基因，低调做人，踏实做事，口碑便是最大的核心竞争力。

到如今，我经常抱着四个月大的儿子，带他看看他爸爸妈妈曾经奋斗学习过的地方，为他介绍水上报告厅的光辉历史，给他讲述“天使路”“勤奋路”的来历，希望他能传承爸爸妈妈身上的科大精神，成为合格的“科二代”。

虽然我已经毕业，但是我永远忘不了科大带给我的一切，我也会继续秉承科大“红专并进，理实交融”的精神，为科大人争光。

60年，您依然美丽！爱你，科大！

尹碧波，中国科学技术大学2007级工商管理本科（PB07204）、2011级工商管理科学硕士（SA11204），教育创业者。

陪伴他人成长，是自己最好的成长（代后记）

留言：你们小团体在做一件“大”意义的事！

回复：我们做不了什么大事，只能“大大地”用心做好一件小事。

以上是我和一位参与《格物省身 理实交融：管理学院校友的科大故事》出版众筹并在众筹平台留言鼓励的热心朋友的对话。

这本书从最初的创意到出版的全过程，其实都是小事，但是，所有人都用心在做！

创意源起

这本书开始于我在“623”内部的一个建议：大家把各自的科大记忆写下来，与623的伙伴们交流交流，还可以让其他的校友分享分享，更可以让期望来科大学习的朋友们了解了解。

2017年11月14日首篇文章一经发出，就受到了校友们的欢迎，也得到了读者们的追捧，阅读量很快就突破了3000。于是，更多的文章不断出炉，吴杏梅同学志愿担任编辑，帮大家编辑文章、校对文字、添加图片、配置音乐，每周二、周五按时发表。

一转眼，文章的发表已经坚持了两个多月。这时，科大出版社的杨振宁编辑建议我们把文章汇集成书出版。这个建议得到了623成员的一致赞同。于是，我们暂停了文章的发表，开始准备文稿和图书的出版工作。

2018年3月6日，我突然接到学校的通知，要求参加次日的校庆出版工作会议。原来，这本书已经被列入了中国科大六十周年校庆图书名单。会上，学校领导、校庆办领导、管理学院和各单位的同志们，给图书的出版提出了很多宝贵意见。

又经过了近一个月紧锣密鼓的筹备，40篇文稿的写作终于全部就绪。

这时候，一个新问题摆在所有人面前：如何能让这本书的出版更有意义？

一个故事

2017年夏天，“623”将四个校友家庭组成家庭支教队，从合肥出发赴宁夏中卫市兴仁中学开展支教活动。

“从来没有想过英语可以这样学！”宁夏中卫市兴仁中学的同学们在闭营仪式上感慨道。

“我感受到了从未有过的快乐！”支教队员李照心玥同学讲完了她精心准备的课程内容后，这样说道。

“再精彩的内容，都比不上兴仁中学孩子们那专注的眼神和陶醉的神情对我的吸引和触动！当每一个人都站在平等的位置去交流、分享、探讨、求证时，这样的陪伴中收获了更有成长力的成长，不仅是孩子们，也包括我们家长!”家庭支教队的校友家长在活动感悟中写道。

中国科大研究生支教团的支教活动已经启动了整整20年，一百多名学生接力传递，把科大对边远地区孩子的关怀不断传承，兴仁中学就是支教团服务过的中学之一，而623大家庭里也有两位是支教团成员。家庭支教队赴宁夏之前，两位前支教队员向所有队员介绍了科大支教队的历史，分享了各自的支教经验，更让大家意识到了沉甸甸的责任。

家庭支教队的队员们，在宁夏度过了艰苦而快乐的7天。活动总结会上，每个人都兴奋不已、收获满满。兴仁的孩子们开阔了视野，合肥的孩子们发现：有时候“学习”本身就是一件很奢侈的事，“能学习”甚至成为了一种幸福。而我，突然明白了一个道理：陪伴就是最好的成长。两地的孩子们在彼此陪伴的7天里，似乎都有了脱胎换骨的变化。不仅孩子们，还有同行的家长们和兴仁中学的老师们，似乎都在陪伴中成长。于是，我决定把“陪伴”作为623大家庭的核心使命。

捐赠支教团

讲完了支教的故事，623全体成员做出了一个重要决定：把图书出版的全部收益，捐赠给中国科大研究生支教团，用于支教队员教学和生活的改善。

当我们把这个想法与中国科大团委沟通之后，他们非常赞赏，并给出了很好的建议，这个捐赠又增加了以下内容：

◆ 623大家庭将作为中国科大研究生支教团的永久后援团，与支教团彼此陪伴成长；

◆ 623大家庭将组织更多类型的支教活动，更好地为校友持续成长提供陪伴。

众筹出版

“众筹出版吧！”一位校友提议，这个创意马上得到了认同。联系众筹网、准备材料、撰写介绍，整个团队顿时运转起来。两天时间，就完成了众筹的全部准备工作。

众筹周期为20天，为了确保众筹效果，每天都要刊发一篇文章，文章编辑组的工作量陡增，于是徐畅同学作为新队员加入进来，编辑组连夜讨论确定编辑格式，如何添加众筹链接，如何排版……

4月3日，新一轮文章刊发开始，众筹链接加入，每天中午12点准时发出，发完后就是转发、转发、转发……623全体成员开足马力。

众筹金额首日破万，每天金额不断跳升，让大家欣喜不已。

中国科大校团委的青春科大、学生会、研究生会等多个微信平台开始加入转载，传播速度更快，传播范围更广。

爱心加注

4月7日，即众筹的第五天。在科大EMBA1203班的微信群里，该班班长对我说：“赵老师，我们班级有公益基金，希望助力支教。”原来是班委们看到了我每天转发到群里的文章后，经过讨论，决定对我们的活动给予支持。

对于这样的善举，我们当然非常支持。当天13点我们开始讨论，全班同学纷纷出谋划策，17点34分形成结论。信息马上反馈到文章编辑组，开始文章排版设计，一稿、二稿……一共八易其稿，1203班的班委和编辑一起远程讨论。22点30分，排版格式确定，然后需要把所有已排好版的文章全部套用新版式。0点40分，全部工作结束。

经过精心策划，新版本的宣传核心是：别让1203班的爱“空手而回”!

通过设置以下“慈善约定”的方式，形成趣味性的对赌，鼓励更多人参与，并将款项直接捐赠给支教团。

◆ 最终筹款额如未超过10万元，不予捐赠；

◆ 筹款额达到10万元，1203班捐1万元；

◆ 超过10万元后，每多筹100元，1203班再捐12.03元。

多方支持

众筹平台——众筹网了解了我们的众筹故事后，决定马上将项目升入首页，无偿予以宣传和推广。

中国邮政速递物流股份有限公司安徽省分公司的朋友们听说了我们的故事，决定以最优惠的条件，为我们提供图书众筹后的配送服务。他们还提出了一句口号：EMS——不仅为你送书，更为你传递爱!

科大管理学院教育分会的校友们，决定为宁夏贫困地区无偿培养师资，他们正在制订计划。

科大校友成立的WE领读平台，决定把更多的图书和更多的研学、研修活动与支教联系起来，为贫困地区的孩子成长助力。

还有……

成功众筹

在众多热心朋友的支持下，经过了20天的众筹时间，一共筹款147596元，完成率为164%，超额完成。我们将尽快完成图书的全部出版工作，将图书以最快的速度送到支持活动的所有人手中；同时，将众筹活动的收益捐赠给中国科大研究生支教团。

感谢所有支持支教的朋友！

感谢所有提供无偿捐赠的朋友！

陪伴他人成长，是自己最好的成长！

让我们的每一次成长，都来自彼此的真诚陪伴！